DES DÉLITS

ET

DES PEINES.

In rebus quibuscumque difficilioribus non expectandum, ut quis simul, et serat, et metat, sed præparatione opus est, ut per gradus maturatescant.

Bacon. Serm. fidel. Nu. XLV.

DES DÉLITS

ET

DES PEINES.

Ouvrage traduit de l'Italien de Beccaria.

A PARIS,

Chez MARTIN et Veuve GAUTHIER Libraires, rue Jacques, près de la fontaine Severin.

An III.

PRÉFACE

DE L'AUTEUR.

DOUZE siècles se sont écoulés depuis qu'un prince qui régnoit à Constantinople, fit compiler quelques restes des lois d'un ancien peuple conquérant. Ces lois, mêlées ensuite avec les rites des Lombards, ont encore été, pour ainsi dire, ensevelies sous le fatras volumineux des commentaires entrepris et mis au jour par une foule d'interprètes obscurs, dont les décisions devroient être d'autant moins respectables, que c'étoient des hommes privés, et que leur état n'exigeoit ni ne consacroit leur travail. Et voilà pourtant ce qui forme la tradition d'opinions qu'une grande partie de l'Europe honore toujours du nom de lois : voilà ce qui autorise cet abus aussi funeste que constant, qu'un sentiment de *Carpzovius*, un usage antique indiqué par *Clarus*, un supplice dans lequel sembla se complaire l'imagination barbare d'un *Farinaccius*, deviennent les règles qu'osent suivre tranquillement les arbitres de la vie et de la fortune des humains, eux qui ne devroient exercer qu'en tremblant l'autorité qui leur est confiée.

CE sont ces lois, restes des siècles les plus barbares, que j'examine dans cet Ouvrage, eu égard à la jurisprudence criminelle : c'est aux arbitres de la félicité publique que j'ose exposer les désordres dont elles sont la source ; le vulgaire, peu éclairé et impatient, ne sera point séduit par le style dont je les décris. Si je me suis livré à la recherche ingénue de la vérité, si je n'ai pas craint de m'élever au dessus des opinions reçues, je dois cette heureuse hardiesse au gouvernement doux et éclairé sous lequel je vis. La vérité plaît aux grands-hommes, aux bienfaiteurs de l'humanité qu'ils gouvernent; ils l'aiment, sur-tout quand elle est mise dans tout son jour par un philosophe obscur, quand elle se peint, non sous les traits du fanatisme, mais avec les couleurs de l'amour du bien, de ce zele pur qui ne s'élève que contre la force tyrannique ou l'intrigue insidieuse, et que la raison sait toujours contenir.

POUR qui les examinera dans tous leurs développemens, les désordres qu'entraînent nos lois font la satire et sont l'ouvrage des siècles passés, plutôt que du nôtre ou de ses législateurs. Si quelqu'un veut donc m'honorer de sa critique, qu'il commence par bien saisir l'objet de cet ouvrage, qui, loin d'avoir pour but de diminuer l'autorité légitime, ne servira qu'à l'augmenter encore, si l'opinion est plus puissante sur les hommes que la force, si la douceur et l'humanité sont faites pour consacrer les droits et l'exercice du pouvoir. Mais comme les critiques mal-entendues qu'on a publiées contre moi sont fondées sur des notions confuses, elles me forcent d'interrompre un moment les réflexions que j'offrois aux lecteurs éclairés, pour fermer enfin à jamais la bouche au zèle timide qui s'égare, et à la méchanceté envieuse qui distille les poisons de la calomnie sur quiconque aime la vérité, et cherche à la montrer aux hommes.

La révélation, la loi naturelle, les conventions factices de la société : telles sont les trois sources d'où dérivent tous les principes moraux et politiques qui gouvernent les humains. On ne sauroit, sans doute, comparer la révélation avec la loi naturelle ou les institutions sociales, dans le but sublime qu'elle se propose principalement ; mais on la voit concourir avec elles pour assurer le bonheur des mortels dans cette vie passagère. Etudier les divers rapports des institutions sociales, ce n'est pas exclure ceux de la révélation et de la loi naturelle. Au contraire, ces préceptes immuables, ces décrets émanés de la Divinité même, des hommes coupables les ont tellement corrompus, des religions fausses les ont altérés en tant de manières, des notions arbitraires de vices et de vertus les ont si souvent remplacés dans le cœur pervers des humains, qu'il est devenu nécessaire d'examiner, séparément de toute autre considération, ce qui naît purement des conventions humaines, soit que ces conventions soient exprimées par des lois déjà faites, soit que la nécessité et l'utilité commune en supposent l'établissement. C'est dans ce point que toutes les sectes, tous les systêmes de morale doivent se réunir, et l'on ne sauroit s'empêcher de louer une entreprise dont l'objet est de forcer l'opiniâtre et l'incrédule à se conformer aux principes qui déterminent les hommes à vivre en société.

ON peut donc distinguer trois classes de vices et de vertus. L'une appartient à la religion, l'autre à la loi naturelle, la troisième à la politique. Ces trois classes ne doivent jamais se trouver en contradiction. Mais il n'en est pas de même des conséquences et des devoirs qui résultent de chacune d'elles. La révélation impose plus d'obligations que la loi naturelle; celle-ci exige des choses que les pures institutions sociales ne commandent pas. Mais il est très-important de bien distinguer ce qui découle de ces institutions, c'est-à-dire, du pacte exprès ou tacite que les hommes ont fait entre eux; parce que telles sont les limites de cette sorte de pouvoir, qu'il peut s'exercer légitimement d'homme à homme, sans une mission spéciale de l'Être Suprême. L'idée de la vertu politique peut donc, sans l'obscurcir, être considérée comme variable; celle de la vertu naturelle seroit toujours claire et sans tache, si les ténèbres de la foiblesse ou les nuages des passions humaines ne lui déroboient quelquefois son évidence; celle de la vertu religieuse est à jamais une, à jamais constante, parce qu'elle émane immédiatement de la Divinité qui l'a révélée et qui la conserve dans tout son jour.

CE seroit donc une erreur que d'attribuer des principes contraires à la religion naturelle ou révélée, à l'auteur qui n'a traité que des conventions sociales et de leurs conséquences. Pouvoit-il attaquer ce dont il ne parloit pas? Ce seroit encore une erreur que de prendre dans le sens de *Hobbes*, ce qui est dit de l'état de guerre, antérieur à celui de société. Ce philosophe le considère comme un état qui ne suppose aucun devoir, aucune obligation antérieure, et je l'examine comme la suite de la corruption de notre nature, et du défaut de lois expresses. Ce seroit enfin une erreur que de reprocher à celui qui recherche les résultats du contrat social, de ne point admettre ces résultats avant le contrat même.

L'ESSENCE de la justice divine et de la justice naturelle est d'être immuable et constante, parce que les rapports entre deux objets qui ne varient point, sont toujours les mêmes. Mais la justice humaine ou politique n'étant qu'une relation entre l'action et l'état de la société, elle peut varier à mesure que l'action devient utile ou nécessaire à la société; on ne peut en connoître les lois que par l'analyse exacte des rapports compliqués et variables qui résultent des combinaisons civiles. Lorsque ces principes, essentiellement distingués, viennent à être confondus, il n'est plus possible de raisonner avec précision sur les matières publiques. C'est au théologien à fixer les limites du juste et de l'injuste, eu égard au for intérieur, et quant à la méchanceté ou à la bonté de l'acte en soi; mais c'est au publiciste à établir les rapports du juste ou de l'injuste politique, c'est-à-dire, du dommage ou du bien fait à la société; et l'un de ces objets ne sauroit jamais préjudicier à l'autre; tant la vertu purement politique doit céder à l'immuable vertu, émanation sacrée de la Divinité!

Je le répète donc ; si quelqu'un veut m'honorer de sa critique, qu'il ne commence pas par me supposer des principes destructifs de la vertu ou de la religion, tandis que j'ai démontré combien je suis éloigné d'avoir de tels sentimens ; qu'au lieu de me peindre incrédule ou séditieux, il cherche à me trouver mauvais logicien ou politique imprudent ; qu'il ne tremble pas chaque fois qu'il me voit soutenir les intérêts de l'humanité ; qu'il me convainque de l'inutilité ou du danger politique de mes principes ; qu'il me montre enfin l'avantage qui résulte des pratiques reçues.

TABLE.

Fin de la Table.

DES DÉLITS
ET
DES PEINES.

INTRODUCTION.

Les hommes abandonnent presque toujours le soin de faire les réglemens les plus importans, à la prudence journalière ou à la discrétion de ceux dont l'intérêt est de s'opposer aux lois sages, qui, de leur nature, rendent les avantages communs à tous, et résistent à cet effort, par lequel ils tendent à se réunir sur un petit nombre, en plaçant d'un côté toute la puissance et tout le bonheur, et de l'autre, toute la foiblesse et toute la misère; ce n'est même qu'après avoir passé par mille erreurs, dans les choses les plus essentielles à la vie et à la liberté, que lassés d'endurer des maux portés à l'extrême, ils se déterminent à remédier aux désordres qui les tiennent dans l'oppression, et à reconnoître les vérités les plus palpables, vérités qui, par leur simplicité même, échappent aux esprits vulgaires, nullement accoutumés à analyser les objets, mais seulement à recevoir de tout des impressions générales, et qu'ils ne doivent encore qu'à la tradition, et nullement à leur propre examen.

Ouvrons l'histoire, et nous les verrons presque toujours l'instrument des passions d'un petit nombre, ou l'ouvrage du hasard et du moment, et non celui d'un sage observateur de la nature, occupé de diriger les actions de la multitude à ce seul but, *la plus grande félicité répandue sur le plus grand nombre.* Heureuses les nations qui n'ont point attendu la lente révolution des vicissitudes humaines, pour voir naître de l'excès du mal un acheminement au bien, et dont la sage prévoyance a hâté par de bonnes lois le passage de l'un à l'autre! Heureux le philosophe, digne de la reconnoissance du genre humain, qui, du fond d'un cabinet obscur et dédaigné, a osé jeter les premières semences, long temps infructueuses, des vérités utiles!

On a enfin connu les vrais rapports entre les souverains et leurs sujets; le commerce s'est animé à l'aspect des vérités philosophiques, leurs rayons bienfaisans ont allumé parmi les nations une guerre tacite d'industrie, la seule que la raison autorise et que l'humanité approuve; tels sont les fruits qu'a fait naître la lumière qui vient éclairer notre siècle. Mais on a bien peu discuté et combattu la cruauté des châtimens et l'irrégularité des procédures criminelles, partie de la législation aussi importante qu'elle est obscure dans presque toute l'Europe. Dissiper les erreurs de plusieurs siècles en remontant aux principes fondamentaux, opposer comme une digue au torrent de la puissance mal dirigée, l'évidence des vérités connues, faire cesser les exemples fréquens et autorisés d'une atrocité froide; voilà ce que bien peu de gens ont tenté. Et comment n'avez-vous pas réveillé l'attention de ces magistrats, guides des opinions humaines, ô funèbres gémissemens des malheureux sacrifiés à la cruelle ignorance ou à l'indolente richesse, tourmens que la barbarie prodigue inutilement pour des crimes mal prouvés ou chimériques, aspect affreux d'une prison, dont l'horreur est encore augmentée par le plus grand supplice des misérables, l'incertitude?

Cette matière a été rapidement traitée par l'immortel Montesquieu. Si j'ai suivi les traces lumineuses de ce grand homme, c'est que la vérité est une; mais ceux pour qui j'écris, les philosophes, sauront distinguer mes pas des siens. Heureux si comme lui je puis être l'objet de votre secrète reconnoissance, ô vous disciples obscurs et paisibles de la raison! Heureux, si je puis exciter dans les ames sensibles ce doux frémissement, par lequel elles répondent à la voix des défenseurs de l'humanité!

§. Ier.

ORIGINE DES PEINES.

Droit de Punir.

Libres et isolés sur la surface de la terre, las de s'y voir sans cesse dans un état de guerre continuel, fatigués d'une liberté que l'incertitude de la conserver rendoit inutile, les hommes en sacrifièrent une partie, pour jouir sûrement et en paix du reste. Pour former une société, il fallut des conditions, et voilà les premières lois. Toutes les portions de liberté sacrifiées ainsi au bien d'un chacun, se réunissent pour composer la souveraineté d'une nation, dépôt précieux dont le souverain est le gardien et le dispensateur légitime. Mais ce n'étoit point assez d'avoir formé ce dépôt;

tel est l'esprit despotique de chaque homme en particulier, que, toujours prêt à replonger les lois de la société dans leur ancien chaos, il cherche sans cesse à retirer de la masse commune, non-seulement la portion de liberté qu'il y a déposée, mais encore à usurper celle des autres : il falloit donc élever un rempart contre cette usurpation, il falloit des motifs sensibles et assez puissans pour réprimer cet esprit despotique. On les trouva dans les peines prononcées contre les infracteurs des lois. Je dis qu'il falloit des *motifs sensibles*, parce que l'expérience a prouvé combien la multitude étoit loin d'adopter des maximes stables de conduite. Il existe, dans l'univers physique et moral, une tendance continuelle à la dissolution. Son effort s'exerce également sur la société, et l'anéantiroit bientôt, si l'on ne savoit sans cesse frapper les yeux du peuple par des objets sensibles et toujours présens à l'esprit, pour contrebalancer l'impression vive des passions particulières, dont l'essence est d'être opposée au bien général. Tout autre moyen seroit inutile. Quand les passions sont excitées par les objets présens, l'éloquence, la déclamation et les plus sublimes vérités sont pour elles un frein qui ne les retient point, ou qu'elles brisent bientôt.

Tout châtiment dont la nécessité n'est point absolue, devient tyrannique, dit le grand Montesquieu; proposition qu'on peut rendre plus générale, en l'exprimant ainsi : *tout acte d'autorité exercé par un homme sur un autre homme, est tyrannique, s'il n'est pas absolument nécessaire.* La nécessité de défendre le dépôt de la sûreté publique contre les usurpations des particuliers, est donc le fondement du droit de punir. Plus le souverain (dans lequel il réside) conserve de liberté à ses sujets : plus la sûreté publique est sacrée et inviolable, plus les peines sont justes. C'est dans le cœur humain que nous trouverons gravés les principes fondamentaux du droit de punir, et l'on ne tirera d'avantage durable de la politique morale, que lorsqu'elle aura pour base les sentimens ineffaçables de l'homme. Toute loi qui s'en écartera doit éprouver une résistance à laquelle elle sera contrainte de céder. C'est ainsi que la plus petite force, quand on l'applique continuellement, détruit à la fin dans un corps le mouvement le plus violent.

Il n'existe personne que la seule vue du bien public ait engagé à faire le sacrifice gratuit d'une portion de sa liberté ; pareilles chimères sont bonnes à reléguer dans les romant. Chacun de nous se regardant comme le centre de toutes les combinaisons de cet univers, voudroit, s'il étoit possible, n'être lié par aucune des conventions qui obligent les autres. La multiplication du genre humain, médiocre en elle-même, mais supérieure de beaucoup aux moyens qu'offroit aux hommes la nature stérile et abandonnée, pour satisfaire les besoins qui se croisoient entre eux de plus en plus, força les premiers sauvages à se réunir. Ces espèces de sociétés, ou plutôt de hordes, donnèrent nécessairement naissance à d'autres qui se formèrent pour leur résister, et l'état de guerre où se trouvoit chaque individu, devint ainsi le partage des nations. C'est donc la nécessité qui a contraint les hommes à céder une partie de leur liberté ; et il est bien certain que chacun n'en veut mettre dans le dépôt public, que la plus petite portion possible, c'est à dire, précisément ce qu'il en faut pour engager les autres à le défendre. Or, l'assemblage de toutes ces plus petites portions possibles de liberté constitue le droit de punir; tout ce qui s'écarte de cette base est abusif et non juste; on doit le regarder comme pouvoir de *fait* et non de *droit*. J'observerai encore que le *droit* n'est point contradictoire à la force, dont il n'est au contraire que la modification la plus utile au grand nombre, et j'ajouterai, en même-temps que je n'entends par justice, que le lien nécessaire des intérêts particuliers, lien sans lequel on les verroit bientôt se séparer, et ramener l'ancien état d'insociabilité. D'après ces principes, tout châtiment qui va plus loin que la nécessité de conserver ce lien, est d'une nature injuste. Il faut éviter au reste d'attacher au mot justice l'idée de quelque chose de réel, comme d'une force physique ou d'un être existant; ce n'est qu'une simple manière de concevoir des hommes, d'où dépend, en grande partie, le bonheur de chacun d'eux. Je n'entends point parler ici de la justice de Dieu, dont les relations sont immédiates avec les peines et les récompenses de la vie à venir.

§. II.

CONSÉQUENCE.

La première conséquence de ces principes, est que les lois seules peuvent fixer la peine des crimes, et que ce droit ne peut résider que dans la personne du législateur, comme représentant toute la société unie par le contrat social. Or, chaque magistrat faisant lui-même partie de la société, aucun ne peut, avec justice, infliger une peine à un autre membre de la société, si elle n'est déjà fixée par la loi. Ce seroit, en effet, ajouter un châtiment nouveau à celui qui est déjà déterminé, et c'est ce que le zèle ou le prétexte du bien public ne doivent point autoriser.

Seconde conséquence. Le contrat social obligeant également les deux parties, la société ne se trouve pas moins liée avec chacun de ses membres, que ceux-ci le sont avec elle. Cette chaîne qui descend du trône jusqu'à la cabane, dont les nœuds sont également faits pour le plus grand & le plus misérable des hommes, ne signifie autre chose, sinon que l'intérêt public exige que les conventions utiles au plus grand nombre soient observées. En laisser violer une seule, c'est ouvrir la porte à l'anarchie; principe d'où il résulte que le souverain qui représente la société, ne peut faire que des lois générales, et auxquelles tous doivent être soumis; mais qu'il ne lui appartient pas de juger si quelqu'un a enfreint ces lois. En effet, la nation se diviseroit alors en deux parties, l'une représentée par le souverain qui affirme que le contrat est violé, l'autre par l'accusé qui le nie. Il faut donc qu'un tiers juge de la vérité du fait. Il est donc nécessaire qu'il y ait un magistrat dont les sentences sans appel ne soient qu'une simple affirmation ou négation de faits particuliers.

Troisième conséquence. On ne peut nier que l'atrocité des peines ne soit directement opposée au bien public et au but même qu'elle se propose, celui d'empêcher les crimes. Mais admettons pour un moment qu'elle ne soit qu'inutile, nous ne l'en trouverons pas moins contraire à cette raison éclairée, mère des vertus bienfaisantes, et bien plus occupée de gouverner des citoyens heureux, que de dominer sur des esclaves asservis sous le joug d'une cruauté lâche et timide : elle n'en blessera pas moins la justice et la nature même du contrat social.

§. III.

De l'interprétation des Lois.

Quatrième conséquence. Les juges criminels ont donc d'autant moins le droit d'interpréter les loix pénales, qu'ils ne sont point eux-mêmes législateurs. Les lois ne sont point une tradition domestique ou un testament destiné à être ponctuellement exécuté et déposé par nos ancêtres entre les mains des magistrats. Ils les tiennent de la société subsistante, ou du souverain qui la représente comme légitime dépositaire du résultat actuel de toutes les volontés réunies. En effet, sur quoi est fondée l'autorité réelle et physique des lois? Sur l'obligation de tenir d'anciennes conventions. Elles sont nulles, et ne peuvent lier des hommes qui n'existoient pas. Elles sont injustes, puisqu'elles les réduisent de l'état de société intelligente à celui d'un vil troupeau privé de volonté. La base de cette autorité est donc le serment tacitement fait au souverain par tous les citoyens vivans, et la nécessité de réprimer et de conduire à un même but les intérêts particuliers, toujours prêts à nuire au bien général, par leur fermentation intestine. Quel sera, d'après cela, le légitime interprète des lois? Le juge uniquement destiné à examiner si tel homme les a violées ou non; ou le souverain, dépositaire des volontés actuelles de toute la société? Dans toute affaire criminelle, le juge doit partir d'après un sillogisme parfait, dont la majeure est la loi générale, la mineure l'action conforme ou non à cette loi, et la conséquence, l'élargissement ou la punition de l'accusé. Un raisonnement de plus, soit que le juge le fasse de son gré, ou qu'il y soit forcé, ouvre la porte à l'incertitude et à l'obscurité.

Rien de plus dangereux que cet axiome reçu : *il faut consulter l'esprit de la loi.* C'est ouvrir un passage au torrent de l'opinion, principe que je regarde comme une vérité démontrée, quoiqu'il semble un paradoxe à la plûpart des hommes, plus sensibles aux petits désordres du moment, que frappés des suites éloignées, mais funestes, d'un faux principe établi chez une nation. Toutes nos connoissances, toutes nos idées se tiennent; plus elles sont compliquées, plus elles ont de rapports et de résultats. Chaque homme a sa maniére de voir ; il en a même une différente selon les circonstances. L'esprit des lois seroit donc le résultat de la bonne ou de la mauvaise logique d'un juge ; il tiendroit donc à une digestion facile ou pénible ; il dépendroit de la foiblesse de l'accusé, de la violence des passions du magistrat, de ses relations avec l'offensé, enfin de toutes les petites causes qui changent l'apparence des objets dans l'esprit inconstant de l'homme. Nous verrions le sort d'un citoyen changer de face comme de tribunaux, la vie des malheureux dépendre des faux raisonnemens et de la fermentation actuelle des humeurs d'un juge, disposé dans le moment à prendre le résultat vague des notions confuses qui flottent dans son esprit, pour l'interprétation légitime de la loi. Le même tribunal ne puniroit pas également les mêmes crimes dans différens temps, parce qu'il se livreroit à l'instabilité trompeuse des interprétations, plutôt que d'écouter la voix toujours constante des lois.

Les funestes inconvéniens dont je viens de parler peuvent-ils être mis en parallèle avec le désordre momentané qui naîtra de l'observation rigoureuse des lois pénales? Peut-être obligera-t-il de faire au texte de ces lois quelque changement aussi facile que nécessaire; mais au moins empêchera-t-il ces raisonnemens pernicieux, source empoisonnée de discussions arbitraires et vénales. Lorsque la loi sera fixée de manière à devoir être suivie à la lettre; lorsqu'elle ne confiera au magistrat que le soin d'examiner les actions des citoyens, pour décider si ces actions la blessent, ou y sont conformes; lorsqu'enfin la règle du juste et de l'injuste, boussole du citoyen ignorant comme du philosophe, ne sera point une affaire de controverse, mais de fait, on ne verra point les sujets accablés sous le joug d'une multitude de petits tyrans. Ils n'auront pas à craindre ce despotisme divisé, bien plus funeste que celui d'un seul ; parce que la tyrannie devient plus cruelle en raison composée des obstacles qu'elle rencontre, et non pas de la force qu'elle possède ; bien plus insupportable, parce qu'il y a moins de distance entre l'oppresseur et l'opprimé ; bien plus permanent, parce qu'on ne feroit que changer de joug, le despotisme d'un seul étant l'unique remède à la tyrannie divisée. Avec des lois pénales toujours littéralement exécutées, le citoyen vivra tranquillement à l'ombre de la sûreté publique ; il jouira du fruit de la réunion des hommes en société, ce qui est juste ; il pourra calculer précisément les inconvéniens d'une mauvaise action, ce qui est utile : il acquerra, j'en conviens, un certain esprit d'indépendance ; mais il n'en sera pas moins soumis aux premiers magistrats et aux lois, et ne refusera son hommage qu'à ceux qui ont osé appeler du nom sacré de vertu, la foiblesse de céder à leurs opinions dictées par le caprice et l'intérêt. Je sens que de tels principes déplairont à ces despotes subalternes, qui se sont arrogé le droit d'accabler leurs inférieurs du poids de la tyrannie qu'ils supportent eux-mêmes. J'aurois tout à craindre, si l'esprit tyrannique étoit compatible avec le goût de la lecture.

§. IV.

Obscurité des Lois.

Si c'est un mal que d'interpréter les lois, c'en sera un, sans doute, qu'elles soient obscures, puisqu'elles auront alors besoin d'interprétation ; ce mal sera bien plus grand, si elles ne sont point écrites en langue vulgaire. Dans ce cas, le peuple sera dans la dépendance du petit nombre des dépositaires de la loi, qui deviendra une espèce d'oracle secret, tandis que le sort de la vie et de la liberté des citoyens devroit être consigné dans un livre qui fût à leur portée et entre leurs mains. Telle est pourtant la coutume établie dans presque toute l'Europe, cette partie du monde si polie et si éclairée : en réfléchissant sur un pareil abus, quelle opinion doit-on avoir des hommes? L'éloquence des passions, aidée de l'ignorance et de l'incertitude du châtiment, est bien plus persuasive. Mettez le texte sacré des lois entre les mains de tout le monde, et vous aurez d'autant moins de criminels, qu'il y aura plus d'hommes qui le liront et l'entendront. De ces dernières réflexions il résulte que, sans un corps de lois écrites, aucune société ne pourra prendre une forme fixe de gouvernement, où la force réside dans le tout et non dans les parties, et dans lequel les lois invariables, sinon du consentement de la Nation, ne puissent jamais être altérées par des intérêts particuliers. L'expérience et la raison ont fait voir combien les traditions humaines perdoient de leur probabilité et de leur certitude, à mesure qu'elles s'éloignoient de leur source. Or, s'il n'existe pas un monument stable du contrat social, comment espérer que les lois résistent au choc toujours victorieux du temps et des passions?

Et voilà ce qui nous prouve l'utilité de l'imprimerie. C'est elle qui rend le public, et non quelques particuliers, gardien du dépôt sacré des lois. C'est elle qui a dissipé cet esprit ténébreux d'intrigue et de cabale, qu'on verra toujours disparoître à l'aspect du flambeau des sciences, et qui ne feint de les mépriser, que parce qu'il les redoute en effet. Si nous voyons maintenant en Europe moins de ces crimes affreux dont nos pères étoient effrayés, si, comme nos ancêtres, nous ne flottons pas sans cesse entre l'état d'esclaves et celui des tyrans, c'est à l'imprimerie que nous en sommes redevables.

Qu'on

Qu'on ouvre l'histoire de deux ou trois siècles et la nôtre, on verra les vertus douces, la bienfaisance, l'humanité, la tolérance, naître dans le sein du luxe et de la mollesse. Quels ont été au contraire les effets de ce qu'on nomme, mal-à-propos, la bonne foi et la simplicité ancienne? Le peuple ne trouvoit dans la noblesse que des oppresseurs et des tyrans. L'humanité gémissoit sous les coups de l'implacable superstition; l'avarice et l'ambition inondoient de sang les palais des riches et les trônes des rois; on ne voyoit que trahisons secrètes, et que meurtres publics. C'étoit enfin avec des mains fumantes encore de carnage, que les ministres de la vérité osoient offrir aux yeux du peuple un Dieu de paix et de miséricorde. Si l'on s'élève contre la prétendue corruption de notre siècle, au moins ne trouvera-t-on pas que cet affreux tableau puisse lui convenir.

§. V.

Proportion entre les délits et les peines.

L'intérêt de la société est non-seulement qu'il ne se commette point de crimes, mais encore qu'ils soient plus rares, à proportion qu'ils en violent plus les lois. Le tort qu'ils font au bien public, et les motifs qui portent à les commettre, doivent donc être la mesure du frein qu'on cherche à leur opposer ; il doit donc exister une proportion entre les délits et les peines.

Ce seroit en vain qu'on tenteroit de prévenir tous les désordres qui naissent de la fermentation continuelle des passions humaines. Ces désordres croissent en raison composée de la population, et du choc des intérêts particuliers avec le bien public, vers lequel il est impossible de les diriger toujours géométriquement. Il faut donc réprimer les plus dangereux par les peines les plus sévères, et réserver des châtimens plus doux aux moins importans. Il faut sur-tout se souvenir qu'en arithmétique politique, on doit substituer le calcul des probabilités à l'exactitude mathématique, qui ne sauroit y avoir lieu. Qu'on jette un coup-d'œil sur les histoires, et l'on verra dans les empires les désordres s'augmenter et croître comme l'étendue de leurs possessions. Or, l'esprit national s'affoiblissant dans la même proportion, le penchant au crime croîtra en raison de l'avantage que chacun trouve dans le désordre même, et la nécessité d'aggraver les peines suivra la même progression.

Semblable à la gravitation des corps, une

force secrète nous fait toujours tendre vers notre bien-être, et ne s'affoiblit qu'en raison des obstacles qu'on lui oppose. Toutes les actions des hommes sont des suites de cette tendance, et les châtimens que je nommerai *obstacles politiques*, empêchent les funestes effets de leur choc, mais sans en détruire la cause, inséparable de l'humanité. Tel qu'un architecte habile, le législateur s'occupe en même-temps de diminuer les forces destructives de la pesanteur, et de rassembler toutes celles qui peuvent contribuer à la solidité de l'édifice.

Posez la solidité de la réunion des hommes et les conventions qui résultent nécessairement de l'opposition même des intérêts particuliers, il se trouvera une progression décroissante de désordres, dont le premier terme sera les crimes qui tendent à la destruction même de la société, et le dernier la plus légère injustice possible, faite à un de ses membres. Les termes moyens seront toutes les actions opposées au bien public, qu'on nomme délits, depuis la plus criminelle jusqu'à la moins coupable. Cette progression en exigeroit une correspondante de peines, si la géométrie étoit applicable à toutes les petites combinaisons obscures de nos actions; mais il suffira au sage législateur de marquer les degrés de l'une et de l'autre, sans en renverser l'ordre. Deux progressions, telles que je viens de les indiquer, nous donneroient une mesure commune et probable des degrés de tyrannie ou de liberté, d'humanité ou de méchanceté de chaque nation. Elles indiqueroient aussi les véritables limites, hors desquelles nulle action ne peut être appelée crime, ni punie comme tel, si ce n'est par ceux qui y trouvent leur intérêt particulier. Si ces limites étoient fixées, les nations n'auroient point une morale contradictoire avec la législation ; on ne verroit point dans le même pays et dans le même temps des lois directement opposées entre elles ; la multiplication des ces lois n'exposeroit plus l'homme de bien aux peines les plus sévères ; les mots de vice et de vertu ne seroient point des noms vains ; enfin l'incertitude de l'existence des citoyens, ne produiroit plus dans les corps politiques un sommeil léthargique et destructeur. Qu'on parcourre d'un œil philosophique les annales des nations, et l'on verra presque toujours les noms de vice et de vertu, de bon citoyen et de criminel, éprouver la même révolution que les siècles, et changer avec eux. Mais ce changement ne se fera point en raison de celui qui s'opérera dans l'état, et conformément à l'intérêt commun ; il sera la suite des passions et des erreurs successives des différens législateurs. On trouvera que les passions d'un siècle sont souvent la base de la morale de ceux qui lui succèdent, et que les passions fortes, filles du fanatisme et de l'enthousiasme, forment peu-à-peu la prudence du siècle, et deviennent un instrument utile entre les mains de l'adresse ou du pouvoir, lorsque le temps qui ramène à un juste équilibre les phénomènes physiques et moraux, les a affoiblies. C'est ainsi qu'ont pris naissance les notions obscures de l'honneur et de la vertu ; notions obscures, parce qu'elles changent avec le temps, qui fait survivre les noms aux choses, et qu'elles varient avec les fleuves ou les montagnes qui séparent les états, et rendent la morale susceptible de recevoir des bornes géographiques comme les empires.

Si le plaisir et la douleur sont les grands moteurs des êtres sensibles, si, parmi les moyens qui gouvernent les hommes, le divin législateur a choisi les peines et les récompenses, comme les plus puissans, ces moyens, inexactement distribués, produiront une contradiction aussi peu remarquée que fréquente;

c'est que les crimes seront punis par les peines mêmes qui les auront fait naître. Si un châtiment égal est destiné à deux actions qui blessent inégalement la société, nul obstacle n'empêchera les hommes de commettre celle qui leur sera la plus avantageuse, quoiqu'elle soit aussi la plus criminelle.

§. VI.

Erreurs dans la mesure des Peines.

Les réflexions précédentes amènent naturellement cette assertion, c'est que la vraie mesure des crimes est le tort qu'ils font à la nation, et non l'intention du coupable, comme quelques auteurs l'ont cru mal-à-propos. Celle-ci dépend des impressions causées par les objets présens, et de la disposition précédente de l'ame; lesquelles varient chez tous les hommes et dans chacun d'eux, selon la succession rapide des idées, des passions et des circonstances. Il seroit donc alors nécessaire de rédiger un code particulier pour chaque citoyen, et de nouvelles lois pour chaque crime. Quelquefois le citoyen, animé du plus mauvais esprit, procure de grands avantages à la société, tandis qu'elle reçoit les coups les plus funestes de la main la mieux intentionnée.

D'autres mesurent les délits sur la dignité de la personne offensée, plutôt que sur leur importance, eu égard au bien public. Cette méthode reçue, il faudroit punir un manque de respect à l'être des êtres, bien plus sévèrement que le meurtre d'un monarque, attendu que la supériorité de la nature divine compenseroit au moins la différence de l'offense.

Enfin quelques-uns ont cru que la mesure du crime étoit la même que celle du péché, et que la gravité de l'un entraînoit celle de l'autre. La fausseté de cette opinion frappera bientôt quiconque voudra réfléchir de sang-froid sur les rapports des hommes entre eux et avec la divinité. Les premiers sont des rapports d'égalité; c'est la nécessité seule qui, du choc des passions, et de l'opposition des intérêts particuliers, a tiré l'idée de l'utilité commune, première base de la justice humaine. Les seconds, au contraire, sont des rapports de dépendance, qui nous lient à un être parfait et créateur, le seul qui, sans inconvénient, puisse être en même temps législateur et juge, droit qu'il n'a réservé qu'à lui-même. S'il condamne à des peines éternelles celui qui enfreindra les lois de sa toute-puissance, quel sera l'insecte assez hardi pour oser suppléer à la justice divine, pour vouloir prendre en main la vengeance de l'être qui se suffit à lui-même, qui n'est susceptible d'aucune impression de plaisir ou de douleur, et qui seul agit sans éprouver de réaction. C'est de la malice du cœur que dépend la gravité du péché, et les êtres finis ne pouvant sonder cet abîme sans le secours de la révélation, comment détermineront-ils, pour la punition des crimes, un calcul qui partiroit ainsi d'une base inconnue? Ce seroit risquer de punir quand Dieu pardonne, et de pardonner quand il punit. Si les hommes se trouvent en contradiction avec la divinité en l'offensant, combien pourront-ils s'y trouver davantage en se chargeant du soin de ses vengeances?

§. VII.

Division des délits.

Nous avons reconnu que la vraie mesure du crime se trouve dans le dommage qu'il cause à la société. C'est une de ces vérités palpables et à la portée de tout le monde, qu'on découvre facilement, sans l'aide des sciences, mais qu'un concours singulier de circonstances a cachées à tous les siècles et à toutes les nations, et qui n'ont été connues que d'un petit nombre de philosophes. Les opinions asiatiques, les passions revêtues de l'autorité et du pouvoir, ont étouffé les notions simples, qui formoient peut-être la philosophie des sociétés naissantes. Elles ont presque toujours produit cet effet par leur action insensible sur la multitude, quelquefois par leur impression violente sur la crédulité humaine; mais ces premiers principes semblent reparoître dans le siècle éclairé où nous vivons: appuyés par l'expérience et la démonstration, ils tireront de nouvelles forces des obstacles même qu'ils rencontrent, et seront enfin adoptés.

Ce seroit ici le moment d'examiner et de distinguer les différentes espèces de crimes et la manière de les punir; mais leur nature varie tellement selon les temps et les lieux, que le détail en seroit aussi immense que fatiguant: je me contenterai donc d'indiquer les principes les plus généraux, et les erreurs les plus communes et les plus nuisibles. Ce sera le moyen de détromper ceux qui, par un amour mal entendu pour la liberté, cherchent à introduire l'anarchie, et ceux qui voudroient établir dans la société humaine la régularité des cloîtres.

Parmi les crimes, il en est qui tendent directement à la destruction de la société, ou de celui qui la représente. Quelques-uns nuisent à la sûreté particulière des citoyens, en attaquant leur vie, leurs biens, ou leur honneur. D'autres enfin sont des actions contraires à ce que la loi prescrit ou défend, en vue du bien public. Les premiers, les plus graves, parce qu'ils sont les plus nuisibles, se nomment crimes de lèze-nation. L'ignorance et la tyrannie, qui confondent les mots et les idées les plus claires, peuvent seules donner ce nom à des délits d'une nature différente, les punir comme tels, et rendre ainsi, comme dans mille autres occasions, les hommes victimes d'un mot. Tous les crimes, quoique privés, blessent la société; mais tous ne vont pas immédiatement à sa destruction. Circonscrites comme tous les mouvemens de la nature, par l'espace et par le temps, les actions morales ont, ainsi que les physiques, une sphère d'activité limitée. L'art des interprétations odieuses, philosophie ordinaire de l'esclavage, peut donc seul confondre ce que la vérité éternelle avoit distingué par des rapports immuables.

Viennent ensuite les délits contraires à la sûreté de chaque citoyen. Comme cette sûreté est le premier but de toute association légitime, les actions qui y nuisent méritent un des châtimens les plus rigoureux que la loi ait établis.

Chaque citoyen peut faire tout ce qui n'est pas contraire à la loi, sans en craindre d'autres inconvéniens, que ceux qui résultent de l'action même. Dogme politique, qui devroit être cru des peuples, prêché par les magistrats suprêmes, et conservé comme les lois; dogme sacré, sans lequel toute société légitime ne pouvant subsister, les hommes perdroient le fruit du sacrifice qu'ils ont fait de l'action universelle sur toute la nature, commune à chaque être sensible, et n'ayant de bornes que celles de leurs propres forces. C'est ce dogme qui fait les ames libres et vigoureuses, ainsi que les esprits lumineux; c'est lui qui inspire aux hommes cette vertu mâle, supérieure à la crainte, et non cette prudence qui se plie à tout, qualité digne seulement de ceux qui peuvent soutenir une existence précaire et incertaine.

Les attentats contre la liberté et la sûreté des citoyens sont donc un des plus grands crimes: or, dans cette classe, je comprends non-seulement les assassinats et les vols faits par le peuple, mais encore ceux que commettent les grands et les magistrats, dont l'influence agissant dans une plus grande étendue et avec plus de force, détruit, dans l'esprit des peuples, les idées de justice et de devoir, pour y substituer celles du droit du plus fort, droit également dangereux pour celui qui l'exerce et celui qui l'éprouve.

§. VIII.

De l'Honneur.

Il existe une contradiction remarquable entre les lois civiles, principalement occupées de la conservation des biens et de la vie de chaque citoyen, et les lois de ce qu'on appelle l'honneur, qui préfère l'opinion à tout. Ce mot *honneur* est un de ceux qui ont servi de base à de longs et brillans raisonnemens, sans qu'on y ait jamais attaché d'idée stable et bien déterminée. Telle est la malheureuse condition de l'esprit humain, qu'il connoît avec exactitude les révolutions des corps célestes, tout éloignés qu'ils sont de lui, tandis que les notions bien plus rapprochées et bien plus importantes de la morale, restent ensevelies dans les ténèbres de l'incertitude, et que, flottantes au gré du tourbillon des passions, elles sont à la fois établies par l'ignorance et admises par l'erreur. Ceci cessera d'être un paradoxe, si l'on considère que, semblables aux objets trop voisins de nous, qui pour cela même se confondent à nos yeux, les principes moraux perdent de leur clarté, pour être trop à notre portée. Le grand nombre d'idées simples dont ils sont composés, se complique facilement jusqu'à nous faire perdre de vue les points de séparation nécessaires à l'esprit géométrique, pour mesurerles phénomènes de la sensibilité humaine. Au reste, le sage observateur de la nature verra sans étonnement tout ce que je viens d'exposer, et soupçonnera que pour être heureux et tranquilles, les hommes n'ont peut-être pas besoin de tant de liens et d'un si grand appareil de morale.

L'idée de l'honneur est donc une idée complexe, formée non-seulement de plusieurs idées simples, mais aussi de plusieurs idées complexes elles-mêmes, et qui, différemment apperçues, admettent ou excluent quelques-uns des élémens qui les composent, en ne conservant que des bases communes, comme en algèbre plusieurs quantités complexes admettent un diviseur commun. Pour trouver ce diviseur commun entre les différentes idées que les hommes se font de l'honneur, il faut jeter un coup d'œil rapide sur la formation des sociétés.

Les premières lois et les premiers magistrats durent leur existence à la nécessité de réparer les désordres du despotisme physique de chaque individu. Tel fut l'esprit qui institua les sociétés, et qui fait la base réelle ou apparente de toutes les législations même destructrices. Mais le rapprochement des hommes et les progrès de leurs connoissances ont fait naître une suite d'actes et de besoins réciproques entre eux, que la loi n'avoit point prévus, et qui passoient les bornes du pouvoir actuel de chacun. Et voilà l'époque du despotisme de l'opinion ; moyen unique d'obtenir des autres les biens que les lois ne pouvoient procurer, et d'éloigner de soi les maux dont elles ne garantissoient pas. Supplice du sage comme du peuple, c'est l'opinion qui du scélérat fait un missionnaire, quand il y trouve son intérêt ; c'est elle qui a su accréditer l'apparence de la vertu, aux dépens de la vertu même. Sous son règne, les suffrages des hommes devinrent non-seulement utiles, mais nécessaires, pour se soutenir au niveau de tout le monde. L'ambitieux les rechercha, comme pouvant servir à ses vues ; l'homme vain les mendia, comme un témoignage de son mérite ; l'homme d'honneur les exigea comme nécessaires. Cet honneur, que beaucoup de gens regardent comme inséparable de leur existence, n'est connu que depuis la formation de la société ; il n'a donc pu être mis dans le dépôt commun, et n'est même qu'un retour instantané vers l'état de nature, retour qui nous soustrait, pour le moment, à des lois dont la protection devient insuffisante dans la circonstance.

Il suit de-là que dans l'extrême liberté politique, comme dans l'extrême dépendance, les idées de l'honneur s'évanouissent ou se confondent avec d'autres. Dans le premier cas, le despotisme des lois rend inutile la recherche des suffrages d'autrui ; dans le second, le despotisme des hommes annullant l'existence civile, ne laisse à chacun qu'une personnalité précaire et momentanée. L'honneur est donc un des principes fondamentaux de ces monarchies, qui ne sont qu'un despotisme adouci, et il est pour elles ce que sont les révolutions pour les gouvernemens despotiques. Le sujet rentre pour un moment dans l'état de nature, et le maître se rappelle le souvenir de l'ancienne égalité.

§. IX

Des Duels.

De la nécessité des suffrages d'autrui naquirent les combats singuliers, qui s'établirent précisément dans l'anarchie des lois. S'ils furent inconnus à l'antiquité, comme on le croit, c'est peut-être parce que les anciens ne se rassembloient point armés dans les temples, aux théâtres ou chez leurs amis; peut-être aussi le duel étant un spectacle ordinaire et commun, que de vils esclaves donnoient au peuple, les hommes libres craignirent-ils que des combats entre eux ne les fissent regarder comme des gladiateurs: mais c'est en vain qu'on a cherché à arrêter les duels par la peine de mort; elle ne détruira point une coutume fondée sur ce que quelques hommes craignent plus que la mort même. Privé du suffrage des autres, l'homme d'honneur deviendroit un être isolé, état insupportable à toute créature sociable, ou se trouveroit en butte aux insultes et à l'infamie, situation chaque jour plus affreuse, et par conséquent pire que le supplice. Pourquoi le peuple imite-t-il rarement les grands dans l'usage des duels? Ce n'est pas seulement parce qu'il qu'il n'est point armé, mais parce qu'il a moins besoin de l'estime des autres que ceux qui, étant d'un rang plus élevé, se voient entre eux avec plus de défiance et de jalousie.

Il n'est pas inutile de répéter ici, après plusieurs auteurs, que le meilleur moyen de prévenir les duels est de punir l'aggresseur, c'est-à-dire, celui qui y a donné lieu, en déclarant innocent celui qui s'est vu contraint, sans qu'il y eût de sa faute, de défendre ce que les lois ne protégent point, l'opinion, et de prouver à ses concitoyens qu'il ne craignoit que les lois, et non les hommes.

§. X.

De la tranquillité publique.

Parmi les délits de la troisième espèce, on distingue particulièrement ceux qui troublent la tranquillité publique, et le repos des citoyens, comme les rumeurs et les batteries dans les voies publiques, destinées au commerce ou au passage, et les discours fanatiques, toujours propres à émouvoir facilement les passions de la populace curieuse, discours dont l'effet augmente en raison du nombre des auditeurs, et sur-tout par le secours de cet enthousiasme obscur et mystérieux, bien plus puissant que les raisonnemens tranquilles, qui n'échauffent jamais la multitude.

Eclairer les villes pendant la nuit aux dépens du public, distribuer des gardes dans les différens quartiers, réserver au silence et à la tranquillité sacrée des temples protégés par le gouvernement, les discours simples et moraux sur la religion, ne souffrir de harangues que dans les assemblées de la nation, dans les parlemens, dans les lieux enfin où réside la majesté du souverain, et les destiner toujours à soutenir les intérêts publics et particuliers ; voilà les moyens efficaces de prévenir la dangereuse fermentation des passions populaires. Ces moyens sont un des principaux objets auxquels doit veiller le magistrat de police. Mais si ce magistrat n'agit point d'après des lois connues de tous les citoyens, s'il peut, au contraire, en créer à son gré, un tel abus ouvrira la porte à la tyrannie, monstre qui veille sans cesse autour des bornes de la liberté politique. Je ne trouve aucune exception à cet axiôme général, que tout citoyen doit savoir quand il est coupable, et quand il est innocent. Si quelque gouvernement a besoin de censeurs, ou en général de magistrats arbitraires, c'est une suite de la foiblesse de sa constitution et des défauts de son organisation. Les hommes, incertains de leur sort, ont plus fourni de victimes à la tyrannie cachée, que n'en a immolé la cruauté publique, qui révolte plus les esprits qu'elle ne les avilit. Le vrai tyran commence toujours par régner sur l'opinion. C'est ainsi qu'il prévient les effets du courage, qui ne s'allume qu'au feu de la vérité ou des passions, et qui prend de nouvelles forces dans l'ignorance du danger.

Mais quelles seront les punitions assignées aux délits de l'espèce dont nous venons de parler? La peine de mort est-elle vraiment utile et nécessaire pour assurer la tranquillité de la société et maintenir le bon ordre? La torture et les tourmens sont-ils justes? Parviennent-ils au but que se proposent les lois? Quelle est la meilleure manière de prévenir les crimes? Les mêmes peines sont-elles également utiles en tout temps? Quelle influence ont elles sur les mœurs? Ces problêmes méritent qu'on cherche à les résoudre avec cette précision géométrique, devant laquelle les nuages des sophismes, la séduction de l'éloquence et le doute timide disparoissent. Je m'estimerois heureux, quand je n'aurois d'autre mérite que celui d'avoir présenté le premier à l'Italie, sous un plus grand jour, ce que plusieurs autres nations ont osé écrire et commencent à pratiquer.

Mais si en soutenant les droits sacrés de l'humanité ; si en élevant ma voix en faveur de l'invincible vérité, j'avois contribué à arracher des bras de la mort, quelques-unes des victimes infortunées de la tyrannie ou de l'ignorance, quelquefois aussi cruelle, les bénédictions et les larmes d'un seul innocent, dans les transports de sa joie, me consoleroient du mépris des hommes.

§. XI.

But des Chatimens.

Des vérités exposées jusqu'ici, il suit évidemment que le but des peines n'est ni de tourmenter ou d'affliger un être sensible, ni d'empêcher qu'un crime déjà commis ne le soit effectivement. Cette inutile cruauté, funeste instrument de la fureur et du fanatisme, ou de la foiblesse des tyrans, pourroit elle être adoptée par un corps politique, qui, loin d'agir par passion, n'a pour objet que de réprimer celles des hommes? Croiroit-on que les cris d'un malheureux rappellent du passé qui ne revient plus, une action déjà commise? Non, le but des châtimens n'est autre que d'empêcher le coupable de nuire encore à la société et de détourner ses concitoyens de tenter des crimes semblables. Parmi les peines et la manière de les infliger, il faut donc choisir celle qui, proportion gardée, doit faire l'impression la plus efficace et la plus durable sur l'esprit des hommes, et la moins cruelle sur le criminel.

§. XII.

DES TÉMOINS.

C'EST un point essentiel dans toute bonne législation, que de déterminer exactement les dégrés de crédibilité qu'on doit accorder aux témoins, et les preuves nécessaires pour constater le délit. Tout homme raisonnable, c'est-à-dire, tout homme qui aura une certaine connexion dans ses idées, et dont les sensations seront conformes à celles des autres, peut être reçu comme témoin. La vraie mesure de la croyance qu'on lui doit, n'est que l'intérêt qu'il a de dire ou non la vérité; ce qui me fait regarder comme frivole la raison qu'on donne pour ne point admettre les femmes en témoiguage, eu égard à leur foiblesse ; comme puérile, l'application des effets de la mort réelle à la mort civile des personnes condamnées ; et comme incohérente, la note d'infamie dans ceux qui en sont souillés, lorsqu'ils n'ont aucun intérêt à mentir. La crédibilité du témoin diminue donc en proportion de sa haine ou de son amitié pour le coupable, et de ses relations avec lui. Un seul témoin ne suffit pas, parce que l'accusé niant ce que l'accusateur affirme, il n'y a rien de certain, et la supposition de l'innocence prévaut. Plus un crime est atroce ou dénué de vraisemblance, comme la magie, ou les actions gratuitement cruelles, moins on doit de croyance au témoin. (*) Il

---

(*) Chez les criminalistes, la crédibilité d'un témoin augmente à proportion de l'atrocité du crime. Voici cet axiome de fer qu'a dicté la plus cruelle imbécillité. *In atrocissimis leviores conjecturæ sufficiunt, et licet judici jura transgredi.* Traduisons cette affreuse maxime, et que parmi le grand nombre de principes déraisonnables auxquels l'Europe s'est soumise sans le savoir, elle en connoisse au moins un. *Dans les délits les plus atroces, c'est-à-dire, les moins probables, les plus légères conjectures suffisent, et il est permis au juge d'outrepasser les lois.* Les pratiques absurdes de la législation sont souvent l'effet de la crainte, cette source la plus féconde des erreurs humaines. Les législateurs (ou plutôt les jurisconsultes, dont on a fait des oracles

est en effet plus probable que plusieurs hommes exercent une calomnie par ignorance ou par haine, qu'il ne l'est qu'un homme ait joui d'un pouvoir que Dieu n'a point confié ou qu'il ne confie plus aux êtres créés ; de même ne doit-on admettre que sur des preuves évidentes, l'accusation d'une cruauté purement gratuite, parce que l'homme n'est cruel que par intérêt, par haine ou par crainte. Il n'existe dans le cœur humain aucun sentiment superflu. Ils résultent tous des impressions faites sur les sens, et y sont proportionnés. Le degré de confiance que mérite un témoin, diminue aussi lorsque ce témoin est membre d'une société privée, dont les coutumes et les maximes sont peu

---

depuis leur mort, et qui, d'écrivains vendus à l'intérêt, sont devenus les arbitres de la fortune des hommes) ces législateurs, dis je, effrayés d'avoir vu condamner quelqu'innocent, ont surchargé la jurisprudence de formalités et d'exceptions inutiles, dont l'exacte observation feroit asseoir l'anarchie et l'impunité sur le trône de la justice. D'autrefois épouvantés par la difficulté de convaincre un coupable de quelque crime affreux, ils se sont cru obligés de négliger les formalités qu'ils avoient eux-mêmes établies. C'est ainsi que tantôt, par une impatience despotique, et tantôt par une timidité digne du sexe foible, ils ont fait des jugemens les plus graves une sorte de jeu, où le hasard et les détours dominent également.

connues, ou diffèrent des usages publics. Un tel homme n'a pas seulement ses passions, mais celles des autres.

Lorsqu'il s'agit enfin de discours qu'on veut faire regarder comme un crime, les témoignages deviennent presque de nulle valeur. En effet, le ton, le geste, et tout ce qui précède ou suit les différentes idées qu'on attache à ses paroles, altère et modifie tellement les discours d'un homme, qu'il est presqu'impossible de les répéter avec exactitude. De plus, les actions violentes et extraordinaires, tels que sont les vrais délits, laissent des traces d'elles-mêmes, dans la multitude des circonstances qui les accompagnent ou des effets qui en dérivent. Mais les paroles ne restent point, si ce n'est dans la mémoire, presque toujours infidelle et souvent séduite, de ceux qui les ont entendues. Il est donc bien plus facile de fonder une calomnie sur des paroles que sur des actions, puisque le nombre des circonstances qu'on allègue pour prouver les actions, fournit à l'accusé d'autant plus de moyens de se justifier.

§. XIII.

DES INDICES ET DE LA FORME DES JUGEMENS.

VOICI un théorême général, très-utile pour calculer la certitude d'un fait, par exemple, la force des indices d'un crime. Lorsque les preuves d'un fait se tiennent tellement toutes entre elles, que les indices ne se prouvent que l'un par l'autre, la probabilité de fait est d'autant moindre, que les circonstances qui affoibliroient les preuves antécédentes, affoibliroient aussi les subséquentes. Lorsque les preuves d'un fait dépendent toutes également d'une seule, leur nombre n'ajoute ni n'ôte rien à la probabilité de ce fait, parce qu'elles ne valent pas plus ensemble que celles dont elles dépendent toutes. Lorsqu'enfin les preuves sont indépendantes entre elles, c'est-à-dire, lorsque les indices n'ont pas besoin de se soutenir l'un par l'autre, la probabilité du fait augmente en raison du nombre des preuves, dont une partie pourroit se trouver fausse, sans que cela influât sur la certitude des autres. Le mot de probabilité, en matière de crimes, qui, pour mériter punition, doivent être certains, paroîtra peut-être déplacé : mais cette espèce de paradoxe cessera d'en être un pour quiconque voudra considérer que, rigoureusement parlant, la certitude morale n'est qu'une probabilité, telle cependant qu'elle mérite le nom de certitude, parce que tout homme de bon sens se voit forcé d'y donner son assentiment par une sorte d'habitude née de la nécessité même d'agir, et antérieure à toute spéculation. Or, la certitude requise peut convaincre un coupable, est la même qui détermine les hommes dans les opérations les plus importantes de leur vie. On peut distinguer les preuves d'un délit en parfaites et imparfaites. Les unes excluent la possibilité de l'innocence de l'accusé, les autres ne l'excluent pas. Une seule des premières suffit pour prononcer la condamnation : mais il faut que les secondes soient en nombre suffisant pour former une preuve parfaite, c'est-à-dire, que si chacune d'elles en particulier ne suffit pas pour exclure l'innocence de l'accusé, toutes ensemble la rendent impossible. J'ajouterai encore que les preuves imparfaites dont l'accusé ne se justifie point, quoiqu'il le pût, deviennent parfaites : mais il est plus facile d'approuver cette certitude morale que de la définir exactement. C'est ce qui me fait regarder comme une loi très-sage, celle qui donne au juge principal des assesseurs que le hasard seul ait choisis. En effet, l'ignorance qui juge par sentimens, est alors plus sûre que la science qui décide d'après l'opinion. Où les lois sont claires et précises, le juge n'a d'autre affaire qu'à assurer le fait. S'il faut de l'habileté et de l'adresse pour chercher les preuves d'un délit, si l'on demande de la clarté dans la manière d'en présenter le résultat, et de la précision dans le jugement qu'on porte de ce résultat même, le simple bon sens asseoira ce jugement sur des principes moins trompeurs, que le savoir d'un juge accoutumé à vouloir trouver des coupables, et à tout ramener au système qu'il s'est fait d'après ses études. Heureuse la nation où les lois ne seroient pas une science !

C'est un réglement bien utile que celui qui veut que chacun soit jugé par ses pairs, parce que, où l'on traite de la fortune et de la liberté d'un citoyen, les sentimens qu'inspire l'égalité doivent se taire. Or, cette supériorité avec laquelle l'homme heureux regarde celui que l'infortune accable, et cette indignation qu'excite dans l'inférieur la vue d'un homme puissant, n'ont point lieu dans les jugemens dont je parle. Lorsque le délit est l'offense d'un tiers, alors les juges doivent être pris moitié parmi les pairs de l'accusé et moitié parmi ceux de l'offensé, afin que les intérêts personnels (qui modifient, malgré nous, les apparences des objets) étant balancés, il n'y ait que les lois et la vérité qui parlent. Il est encore conforme à la justice que le coupable puisse récuser, jusqu'à un certain point, ceux de ses juges qu'il suspecte; avec cette faculté illimitée, il semblera se condamner lui-même. Que les jugemens soient publics, que les preuves du crime le soient aussi, et l'opinion, seul bien public de la société, mettra un frein à la force et aux passions. Le peuple dira : Nous ne sommes point esclaves, nous trouvons des défenseurs; et ce sentiment produira le courage et vaudra un tribut pour le souverain éclairé sur ses intérêts. Je n'entrerai point dans d'autres détails; je n'indiquerai point les petites précautions qu'exigent de pareils réglemens; je n'aurois rien dit, si j'étois obligé de tout dire.

§. XIV.

Des Accusations secrettes.

Les accusations secrètes sont un désordre évident, mais consacré et devenu nécessaire dans plusieurs gouvernemens, par la foiblesse de leur constitution. Une telle coutume rend les hommes faux et dissimulés. Soupçonner qu'on voit en autrui un délateur, c'est y trouver un ennemi; on s'habitue à masquer ses propres sentimens, et qui les cache aux autres, se les dissimulera bientôt à lui même. Malheureux les hommes qui sont arrivés à ce point fatal! Sans principes stables et évidens qui les guident, flottans dans la vaste mer de l'opinion, toujours occupés des monstres qui les menacent, ils ne jouissent pas même du présent, qu'empoisonne sans cesse l'incertitude de l'avenir. Les plaisirs durables de la tranquillité et de la sécurité n'existent pas pour eux. Goûtés à la hâte et dans le désordre, le peu d'instans de bonheur qu'ils comptent dans leur vie les console à peine d'avoir vécu. Et ce sont-là les hommes dont on veut faire d'intrépides soldats, défenseurs de la patrie ou du trône! Des magistrats incorruptibles, dont l'éloquence libre et patriotique soutienne ou développe les véritables intérêts du souverain! Des citoyens vertueux, qui portent en même temps au pied du trône les tributs et l'amour de tous les ordres de la nation, pour en rapporter dans les palais et sous les cabanes la paix, la sécurité et l'industrieuse espérance d'améliorer son sort, levain utile qui donne aux états une nouvelle vie !

Qui pourra se défendre de la calomnie, quand elle est armée du bouclier le plus sûr de la tyrannie ? Le secret ? Quelle forme de gouvernement est celle où le souverain ne voit dans ses sujets qu'autant d'ennemis, et se trouve forcé de troubler le repos de chacun pour l'assurer à tous !

Quels sont les motifs sur lesquels on s'appuie pour justifier les accusations et les peines secrètes ? Le salut public, la sûreté et la conservation de la forme du gouvernement ? Etrange constitution que celle où celui qui a la force en main, et qui a pour lui l'opinion plus efficace qu'elle, semble redouter chaque citoyen ! La sûreté de l'accusateur ? Les lois seroient donc insuffisantes pour le défendre, et les sujets bien plus puissans que le souverain ! L'infamie dont se couvre tout délateur ? On punit donc les calomnies publiques, on autorise donc celles qui sont secrètes. La nature du délit ? Où les actions indifférentes et même utiles au public seront appelées des crimes, les accusations et les jugemens ne sauroient jamais être assez secrets. Mais peut-il exister des délits, c'est-à-dire, des offenses faites à la société, dont la nature soit telle que l'intérêt commun exige qu'on ne les divulgue point par l'exemple, c'est-à-dire, du jugement? Plein de respect pour tous les gouvernemens, et sans prétendre parler d'aucun en particulier, je sais qu'il est des circonstances où l'on sembleroit précipiter la ruine d'un état, en voulant y déraciner des abus inhérens au systême de la nation : mais si j'avois à dicter de nouvelles lois dans quelque coin isolé de l'univers, ma main tremblante se refuseroit à signer un décret qui autorisât les accusations secrètes. Je croirois voir la postérité me reprocher tous les maux funestes qu'elles entraînent après elles.

Montesquieu l'a déjà dit, les accusations publiques conviennent plus aux républiques, où l'amour de la patrie doit être la première passion des citoyens, qu'aux monarchies, où la nature même du gouvernement rend ce sentiment très-foible, et dans lesquelles un établissement très-sage est celui des magistrats destinés à accuser, au nom du public, les infracteurs des lois. Mais les états monarchiques ou républicains doivent punir le calomniateur, comme l'eût été l'accusé.

§. XV.

DE LA QUESTION.

C'EST une barbarie consacrée par l'usage chez la plus grande partie des nations, que celle d'appliquer un coupable à la question pendant qu'on poursuit son procès, soit qu'on veuille tirer de lui l'aveu de son crime, soit pour éclaircir ses réponses contradictoires ou connoître ses complices, soit parce qu'il s'est établi je ne sais quelle idée métaphorique et incompréhensible que la question purge l'infamie, soit enfin pour découvrir d'autres crimes dont il n'est pas accusé, mais dont il pourroit être coupable. Cependant un homme ne sauroit être regardé comme coupable avant la sentence du juge, et la société ne doit lui retirer sa protection qu'après qu'il est convaincu d'avoir violé les conditions auxquelles elle l'a lui avoit accordée. Le droit de la force peut donc seul autoriser un juge à infliger une peine au citoyen, dont l'innocence n'est point encore flétrie par la preuve du crime dont on l'accuse. Ce n'est point un dilemme nouveau que celui-ci. Ou le délit est prouvé, ou il ne l'est pas; s'il l'est, on n'a plus

plus besoin d'autre peine que celle que la loi inflige, et l'aveu du coupable n'étant plus nécessaire, rend inutile la question; s'il ne l'est pas, il est affreux de tourmenter celui que la loi regarde comme innocent. Disons plus, c'est confondre tous les rapports, que d'exiger qu'un homme soit en même-temps accusateur et accusé, que de vouloir faire de la douleur une règle de vérité; comme si cette règle résidoit dans les muscles et les fibres d'un malheureux; ce n'est au contraire qu'un moyen infaillible d'absoudre le scélérat robuste et de condamner l'innocent foible. Voilà les funestes inconvéniens de cette prétendue règle de vérité, digne seulement d'un Cannibale, et que les Romains, peuple barbare à plus d'un titre, n'employoient qu'à l'égard de leurs esclaves, ces malheureuses victimes d'une vertu féroce, qu'on a trop louée.

Quel est le but politique des supplices? La terreur qu'ils impriment aux hommes. Mais que doit-on penser de ces cachots ténébreux, de ces lieux destinés à la torture, où la tyrannie de l'usage exerce en secret son obscure cruauté sur l'innocent comme sur le coupable? S'il est important qu'aucun crime connu n'évite le châtiment, il ne l'est point de découvrir l'auteur d'un délit caché dans les ténèbres de l'incertitude. Un mal déjà fait et sans remède ne peut être puni par la société civile que pour ne point laisser au peuple l'espérance de l'impunité ; et s'il est vrai que le plus grand nombre des hommes respecte les lois par crainte ou par vertu ; s'il est probable qu'un citoyen, toutes choses égales, les aura plutôt suivies qu'enfreintes, le danger de tourmenter un innocent doit se mesurer sur cette probabilité.

La prétendue nécessité de purger l'infamie, est encore une des raisons sur lesquelles se fonde l'usage de la question. C'est-à-dire qu'un homme jugé infâme par les lois, doit confirmer sa déposition dans les tourmens. Eh quoi ! la douleur, qui est une sensation, détruira l'infamie qui n'est qu'une pure relation morale. Ce sera le creuset où l'infamie viendra, comme un corps mixte, déposer ce qu'elle a d'impur ; un abus aussi ridicule ne devroit pas être souffert dans le dix-huitième siècle. Au reste il n'est pas difficile de remonter à l'origine de cette loi bisarre. Les plus grandes absurdités, quand elles sont adoptées par une nation entière, tiennent toujours à d'autres idées communes et respectées de cette nation. Or l'usage contre lequel nous nous élevons ici, semble avoir sa source dans les idées spirituelles et religieuses, dont l'influence est si grande sur les pensées des hommes, sur les nations et sur les siècles. Un dogme infaillible nous apprend que les taches contractées par la foiblesse humaine, quand elles n'ont pas mérité la colère éternelle de l'être suprême, doivent être purgées par un feu incompréhensible. Or l'infamie est une tache civile, et puisque la douleur et le feu effacent les taches spirituelles, pourquoi les tourmens de la question ne feroient-ils point disparoître la tache civile de l'infamie ? Je crois qu'on peut assigner une origine semblable à l'usage qu'observent certains tribunaux, d'exiger l'aveu du coupable comme essentiel pour sa condamnation ; de même que dans le tribunal mystérieux de la pénitence, la confession des péchés est une partie intégrante du sacrement. C'est ainsi que les hommes abusent des lumières les plus certaines de la révélation ; et, comme ce sont les seules qui subsistent dans les temps d'ignorance, c'est à elles que la docile humanité a recours dans toutes les occasions, mais pour en faire les applications les plus absurdes et les plus éloignées.

Je terminerai ces réflexions par un raisonnement bien simple. L'infamie n'étant point un sentiment sujet aux lois ou à la raison, mais à l'opinion, et la question étant diffamante pour quiconque la subit, il est absurde qu'on veuille ainsi laver l'infamie par l'infamie même.

On applique à la question un homme qu'on suppose coupable, lorsqu'il se trouve des contradictions dans ses interrogatoires : mais ne voit-on pas que la crainte du supplice, l'incertitude du jugement qu'on va subir, l'appareil et la majesté du juge, l'ignorance même, commune à presque tous les scélérats, comme aux innocens, sont autant de raisons pour faire tomber en contradiction et l'innocence qui tremble, et le crime qui cherche à se cacher? Peut-on croire que les contradictions si ordinaires aux hommes, lors même qu'ils sont tranquilles, ne se multiplieront pas dans ces momens de trouble, où la pensée de se tirer d'un danger éminent, absorbe l'ame toute entière ?

Cette infâme manière de découvrir la vérité, est un monument de l'ancienne et sauvage législation, où l'on honoroit du nom de *jugemens de Dieu* les épreuves du feu, celles de l'eau bouillante et le sort incertain des armes. Comme si les anneaux de cette chaîne éternelle, qui repose dans le sein de la cause première, devoient à chaque instant se déranger et se désunir pour les frivoles établissemens des hommes. La seule différence que je trouve entre la question et les épreuves du feu ou de l'eau bouillante, c'est que l'issue de l'une semble dépendre de la volonté du coupable, tandis que le succès des autres tient à un fait purement physique et extérieur. Encore cette différence n'est-elle qu'apparente; l'accusé n'est pas en effet plus le maître de dire la vérité, dans l'horreur des tourmens de la torture, qu'il ne l'étoit alors d'empêcher, sans fraude, les effets des épreuves qu'il subissoit. Tous les actes de notre volonté sont proportionnés à la force de l'impression sensible qui les cause, et la sensibilité de chaque homme ne va que jusqu'à un certain degré. Or, si l'impression de la douleur atteint ce degré, celui qui souffre sera forcé de choisir le moyen le plus court pour faire cesser son mal actuel. Alors sa réponse sera nécessaire, comme les impressions du feu ou de l'eau; alors l'innocent s'écriera qu'il est coupable, pour mettre fin à des tourmens qu'il ne pourra plus supporter, et ce qu'on cherche à découvrir deviendra plus obscur par les moyens mêmes qu'on veut employer pour le connoître. Il est inutile d'ajouter à ces réflexions les exemples sans nombre des innocens qui se sont avoués coupables dans les convulsions de la douleur. Quelle nation, quel siècle ne cite pas les siens? Mais les hommes ne changent point, et voient les faits sans en tirer de conséquences. Il n'est personne, s'il a quelquefois élevé ses idées au-delà des besoins de la vie, que la voix de la nature n'ait rappelé à elle. Vains avertissemens! l'usage, ce tyran des ames, nous épouvante et nous retient presque toujours. Le résultat de la question est donc une affaire de tempérament et de calcul, qui varie dans chaque homme, en proportion de sa force et de sa sensibilité. On peut donc le prévoir en résolvant le problême suivant, plus digne d'un mathématicien que d'un juge : *La force des muscles et la sensibilité des fibres d'un innocent étant connues, trouver le degré de douleur qui le fera s'avouer coupable d'un crime donné.*

L'on interroge un coupable pour connoître la vérité : mais, si on la découvre dans l'air, le geste et la physionomie d'un homme tranquille, comment la découvrira-t-on, lorsque les convulsions de la douleur auront altéré tous les signes par lesquels elle se peint quelquefois sur le visage de la plûpart des hommes, quoi qu'ils fassent pour la cacher? Toute action violente confond les petites différences des objets, par lesquelles on peut distinguer le mensonge de la vérité : elle les fait même disparoître.

La solidité de ces principes étoit connue des législateurs Romains, chez lesquels on ne soumettoit aux tortures que les seuls esclaves, classe d'hommes privée de toute personnalité civile. La vérité de ces principes est reconnue en Angleterre, cette nation où les progrès des lettres, la supériorité du commerce, celle des richesses, et par conséquent celle de sa puissance, enfin, les exemples fréquens de vertu et de courage, prouvent l'excellence de ses lois.

La Suède, convaincue de l'injustice de la torture, ne la permet plus dans ses états : cette coutume infâme a été abolie par un des plus sages monarques de l'Europe, législateur bienfaisant de ses peuples, qui, ayant fait asseoir la philosophie sur le trône, a rendu ses sujets égaux et libres sous la dépendance des lois, seule égalité que des hommes raisonnables puissent exiger dans l'état présent des choses, seule égalité qu'il admette.

Enfin les lois militaires ne connoissent point la question; et si elle pouvoit avoir lieu quelque part, ce seroit, sans doute, dans les armées, composées en grande partie de la lie des nations. Chose étrange pour qui n'a pas refléchi sur l'empire de l'usage ! Ce sont des guerriers endurcis aux meurtres et au carnage, qui donnent aux législateurs de paix l'exemple de juger les hommes avec humanité.

La vérité de tout ce que je viens d'exposer a été enfin sentie, quoique confusément, par ceux mêmes qui s'en éloignent, puisque l'aveu de l'accusé, pendant la question, est nul, s'il ne le confirme ensuite par serment. Mais cette ressource est bien foible pour un malheureux qu'on tourmentera de nouveau, s'il proteste contre sa déposition. Quelques docteurs et quelques nations ne permettent cette infâme *pétition de principes* que jusqu'à trois fois. D'autres docteurs et d'autres nations s'en rapportent sur cet objet à la prudence du juge. De sorte qu'entre deux hommes également innocens ou coupables, le plus robuste et le plus courageux sera absous, le plus foible et le plus timide sera condamné en vertu de ce raisonnement. Je devois, moi juge, vous trouver coupable d'un tel crime; *toi, qui es vigoureux et qui as su résister à la douleur, je t'absous; toi, dont la foiblesse a cédé à la torture, je te condamne. Je sens bien qu'un aveu, arraché par la violence des tourmens, n'auroit aucune valeur; mais, si tu ne le confirmes, je te ferai souffrir de nouveau.*

Il résulte encore de l'usage de la question une conséquence bien étrange : c'est que l'innocent qu'on y applique se trouve dans une position pire que celle du coupable qui la subit. Le premier, en effet, a toutes les combinaisons contre lui, puisqu'il est condamné, s'il avoue le crime dont on l'accuse, et que, s'il est absous, il n'en a pas moins souffert des tourmens qu'il ne méritoit pas ; tandis que le second, sûr de se voir déclarer innocent s'il résiste aux tortures avec fermeté, peut s'épargner le supplice qui l'attend, en soutenant avec courage des peines moindres que celles qu'il méritoit. L'innocent a donc tout à perdre, où le coupable ne peut que gagner.

La loi qui ordonne la question est une loi qui dit : *Hommes, résistez à la douleur : je sais que la nature vous a imprimé en naissant un amour pour votre propre conservation, que rien ne peut éteindre ; je n'ignore point qu'elle vous a donné le droit inaliénable de vous défendre : mais j'ai créé en vous un sentiment tout contraire ; je vous inspire une haine héroïque de vous-mêmes, et je vous ordonne de devenir vos propres accusateurs au milieu des tourmens et des supplices, qui vont vous contraindre à rendre hommage à la vérité.*

Appliquer à la question un malheureux, pour savoir s'il est coupable d'autres crimes que de ceux dont on l'accuse, c'est faire cet affreux raisonnement, c'est dire à l'infortuné qu'on tourmente : *Il est prouvé que tu as commis tel crime ; tu peux donc en avoir commis cent autres. Ce doute me pèse, et je veux m'en éclaircir avec ma règle de vérité ; les lois te font souffrir, parce que tu es coupable, parce que tu peux l'être, parce que je veux que tu le sois.*

On donne enfin la question à un criminel pour découvrir ses complices. Mais s'il est démontré qu'elle n'est point un moyen convenable pour découvrir la vérité, comment fera-t-elle connoître les complices du coupable, ce qui est une des vérités que l'on cherche ? Comme si celui qui s'accuse lui-même n'accusoit pas encore plus facilement les autres. D'ailleurs est-il juste de faire souffrir un homme pour les crimes d'autrui ? Les interrogatoires des témoins et du coupable, l'examen des preuves et du corps de délit, toutes les recherches enfin qui doivent servir à constater l'accusation, ne donneront-elles point connoissance des complices ? Mais ceux-ci fuient presque toujours, aussitôt que leur compagnon est arrêté. L'incertitude du sort qui les attend les condamne elle-même à l'exil, et garantit la société des nouveaux attentats qu'ils pourroient commettre contre elle, tandis que le coupable qu'elle a entre ses mains, effraie les autres hommes par son supplice, et les éloigne ainsi du crime, ce qui est le seul but des exécutions.

§. XVI.

Du Fisc.

Il a existé un temps où presque toutes les peines étoient pécuniaires; les crimes des sujets devenoient le patrimoine du prince; les attentats contre la sûreté publique étoient un objet de luxe: les défenseurs de la société avoient intérêt qu'on l'offensât. Les jugemens étoient donc une sorte de procès entre le fisc (qui percevoit le prix du crime) et le coupable qui devoit le payer. On en avoit fait une affaire civile, contentieuse, et beaucoup plus privée que publique. Le fisc se trouvoit avoir d'autres droits que ceux que lui donnoit le soin de venger la société; le criminel étoit exposé à d'autres peines que celle qu'eût exigé la nécessité de l'exemple. Loin d'être chargé du soin impartial de rechercher la vérité, le juge n'étoit que l'avocat du fisc. Le ministre et le protecteur des lois se voyoit transformé en exacteur des deniers du prince. Comme dans ce systême l'aveu du crime étoit aussi celui d'une dette envers le fisc, aveu qui faisoit le seul but des procédures criminelles du temps, tout l'art des criminalistes consistoit à arracher de l'accusé cette confession, et de la manière la plus favorable aux intérêts du fisc. Tel est l'art qui subsiste encore aujourd'hui dans la pratique, parce que les effets continuent toujours long-temps après que leurs causes ont cessé. Sans cette confession, le coupable, quoique reconnu tel par des preuves indubitables, souffrira une peine plus douce que celle due à son crime; il ne sera pas appliqué à la question pour les autres forfaits qu'il pourroit avoir commis. Avec elle, le juge s'empare du corps du criminel; il le déchire méthodiquement, il en fait, pour ainsi dire, un fonds dont il tire tout le profit possible. L'existence du délit une fois prouvée, l'aveu du coupable devient une preuve convaincante; et c'est pour la rendre moins suspecte qu'on arrache cet aveu à la douleur et au désespoir: tandis que s'il étoit fait extrajudiciairement, si le criminel étoit tranquille, s'il n'avoit pas devant les yeux l'appareil effrayant des supplices, sa propre confession ne suffiroit pas pour le condamner. On exclut de l'instruction d'un procès les recherches et les preuves qui, en éclaircissant le fait, nuiroient aux prétentions du fisc : mais si l'on épargne quelquefois des tourmens aux accusés, ce n'est point par pitié pour la foiblesse et l'infortune ; c'est pour conserver les droits de cet être aujourd'hui imaginaire et inconcevable, le fisc. Le juge devient donc l'ennemi du coupable, d'un malheureux, courbé sous le poids de ses chaînes, que les chagrins accablent, que les supplices attendent, que l'avenir le plus terrible environne d'horreur et d'effroi. Il ne cherche point la vérité, il veut trouver le crime dans la personne de l'accusé, il tend des piéges à sa simplicité, il semble qu'il ait tout à perdre s'il ne réussit pas ; on diroit qu'il craint de donner atteinte à cette infaillibilité, que chaque homme veut s'arroger en tout. Il est au pouvoir du juge de déterminer les indices suffisans pour emprisonner un citoyen ; de manière qu'avant de pouvoir se justifier, il faut se voir déclarer coupable. C'est bien là ce qu'on doit appeler *faire un procès offensif* ; et voilà la marche de la jurisprudence criminelle dans presque toute l'Europe, cette partie du monde si éclairée, et pendant le dix-huitième siècle, l'âge de la philosophie et de l'humanité. On connoît à peine dans ses tribunaux la véritable procédure, celle des informations, c'est-à-dire, la recherche impartiale du fait que la raison prescrit, que les lois militaires adoptent, que le despotisme asiatique met lui-même en usage dans les circonstances tranquilles et indifférentes. Etrange labyrinthe d'absurdités, que nos descendans, plus heureux, auront, sans doute, peine à concevoir! Systême incroyable, dont les philosophes à venir découvriront seuls la possibilité, en étudiant la nature du cœur humain!

§. XVII.

Des Sermens.

Les lois se trouvent encore en contradiction avec la nature, lorsqu'elles exigent d'un accusé le serment de dire la vérité, quand il a le plus grand intérêt à la taire; comme si l'on pouvoit s'obliger de bonne foi par serment à contribuer à sa propre destruction; comme si la voix de l'intérêt n'étouffoit pas dans la plûpart des hommes, celle de la religion. L'expérience de tous les siècles prouve que ce don sacré du ciel est la chose dont on abuse le plus. Et comment les scélérats la respecteront-ils, si les hommes qu'on regarde comme les plus vertueux, ont osé la violer souvent? Les motifs qu'elle oppose à la crainte des tourmens et à l'amour de la vie, sont presque tous trop peu sensibles, et par conséquent trop foibles. D'ailleurs, les choses du ciel sont gouvernées par des lois toutes différentes de celles qui régissent les hommes. Et pourquoi compromettre ces lois l'une avec l'autre? Pourquoi placer quelqu'un dans l'affreuse alternative de manquer à la divinité ou de se perdre lui-même? C'est forcer l'accusé d'être mauvais chrétien ou martyr. En détruisant ainsi la force des sentimens de la religion, ce seul gage de l'honnêteté de bien des gens, on parvient peu-à-peu à ne plus rendre les sermens qu'une simple formalité. Au reste, l'expérience fait voir combien ils sont inutiles; j'en appelle à tous les Juges, qui conviennent que jamais le serment n'a fait dire la vérité à aucun coupable; et la raison le démontre, en prouvant que toutes lois opposées aux sentimens naturels de l'homme sont vaines, et par conséquent funestes. Semblables aux digues qu'on élèveroit directement au milieu des eaux d'un fleuve, pour en arrêter le cours, elles sont aussi-tôt renversées par le torrent qui les emporte, ou bien elle forment elles-mêmes un gouffre qui les mine et les détruit insensiblement.

§. XVIII.

De la promptitude des Chatimens.

Plus le châtiment sera prompt, plus il suivra de près le crime qu'il punit, plus il sera juste et utile. Je dis juste, parce qu'alors le criminel n'aura point à souffrir les cruels tourmens de l'incertitude, tourmens superflus, et dont l'horreur augmente pour lui en raison de la force de son imagination et du sentiment de sa propre foiblesse; parce que la perte de la liberté étant une peine, elle ne doit précéder la sentence que lorsque la nécessité l'exige. L'emprisonnement n'étant autre chose qu'un moyen de s'assurer d'un citoyen, jusqu'à ce qu'il soit jugé coupable, et ce moyen étant essentiellement fâcheux, la prison doit être la plus douce qu'il soit possible, et n'avoir lieu précisément qu'autant de temps qu'elle est nécessaire. Sa durée doit se mesurer sur celle qu'exige absolument l'instruction du procès, et

sur

sur le droit qu'ont à être jugés ceux qui y sont le plus anciennement détenus. Le coupable n'y doit être resserré qu'autant qu'il le faut pour l'empêcher de fuir ou de cacher les preuves de son crime ; enfin le procès doit être terminé le plutôt possible. Quel plus affreux contraste que l'indolence d'un juge et les angoisses d'un accusé ! les commodités et les plaisirs d'un magistrat insensible, et les larmes d'un malheureux dans les chaînes et l'horreur des cachots ! En général, le poids de la peine et les conséquences d'un délit doivent être les plus efficaces pour ceux qui en sont témoins, et les moins dures pour celui qui les éprouve : il n'y a point en effet de société légitime sans ce principe incontestable, que les hommes ne se sont voulu assujettir qu'aux moindres maux possibles.

J'ai dit que la promptitude de la peine est utile ; en voici la raison : moins il s'écoule de temps entre l'action et le supplice qu'elle a mérité, plus s'unissent dans l'esprit, d'une manière ineffaçable, ces deux idées, *crime* et *châtiment*, de sorte qu'il considère insensiblement la punition comme un effet certain et inséparable de sa cause. Il est démontré que l'union des idées est le ciment qui lie tout l'édifice de l'entendement humain, et que, sans elle, le plaisir et la douleur seroient des sentimens isolés et de nul effet. Plus les hommes s'éloignent des idées générales et des principes universels, c'est-à-dire, moins ils sont éclairés, plus les voit-on agir d'après les idées les plus voisines et les plus immédiatement unies, et négliger les rapports éloignés et les idées compliquées. Celles-ci ne se présentent qu'aux hommes fortement passionnés pour un objet, ou qui ont reçu de la nature un esprit éclairé. Chez les premiers, la lumière de l'attention dissipe les ténèbres qui couvrent l'objet de sa recherche, mais laisse les autres dans l'obscurité. Les seconds, accoutumés à réunir rapidement un grand nombre d'idées sous le même point de vue, comparent, sans peine, des sentimens opposés, et ce qui résulte de leur contraste, fait la base de leur conduite, qui devient ainsi moins incertaine et moins dangereuse.

Il est donc de la plus grande importance de faire suivre promptement le crime par le châtiment, si l'on veut que dans l'esprit grossier du vulgaire, la peinture séduisante des avantages d'une action criminelle, réveille aussi-tôt l'idée d'un supplice inévitable. Le retardement de la punition ne produit d'autre effet que de rendre moins étroite l'union de ces deux idées.

Si le supplice fait alors impression, ce n'est plus que comme spectacle ; l'horreur du crime qu'il punit est affoiblie dans l'esprit des spectateurs, et ne fortifie plus chez eux le sentiment de la peine.

L'importante connexion entre le crime et le châtiment acquerroit de nouvelles forces, si l'on donnoit à la peine toute la conformité possible avec la nature du délit. Cette analogie facilite singulièrement le contraste qui doit exister entre l'impulsion au mal et la réaction que produit l'idée du supplice ; elle éloigne l'esprit de la route où le conduisoit la perspective trompeuse d'une action contraire aux lois, et le ramène vers le but opposé.

§. XIX.

Des Violences.

Les attentats contre la personne ne sont pas assurément de même nature que ceux contre les biens. Les premiers méritent toujours une peine corporelle ; si les grands ou les riches peuvent mettre à prix les attentats contre le foible et le pauvre, les richesses, faites pour être le prix de l'industrie, sous la protection des lois, deviendront l'aliment de la tyrannie : il n'y a plus de liberté toutes les fois que les lois permettent que, dans quelques circonstances, l'homme cesse d'être une *personne* et devienne une *chose* : on voit alors l'adresse des gens puissans s'occuper toute entière à faire sortir de la foule des combinaisons civiles, celles que la loi leur rend favorables. Cette découverte est le secret magique qui change les citoyens en autant de bêtes de somme ; c'est elle qui, dans la main du fort, est la chaîne dont il lie les actions des imprudens et des foibles ; c'est par elle que la tyrannie demeure cachée dans quelques gouvernemens très-libres en apparence, ou qu'elle s'introduit secrètement dans certaines parties négligées par le législateur, pour s'y fortifier et s'y aggrandir insensiblement. Les hommes opposent ordinairement les digues les plus solides à la tyrannie ouverte : mais ils ne voient pas l'insecte imperceptible qui mine leur ouvrage, et qui ouvre au torrent destructeur une route d'autant plus sûre qu'elle est plus cachée.

§. XX.

Des Chatimens des nobles.

Quelles seront donc les peines assignées aux délits des nobles, dont les priviléges forment, en grande partie, les lois des nations? Je n'examinerai point si cette distinction héréditaire entre les nobles et le peuple, est utile aux gouvernemens ou nécessaire aux monarchies; s'il est vrai qu'elle forme un pouvoir intermédiaire et une barrière utile entre les deux extrémités, ou si (semblables à ces petites îles charmantes et fécondes qu'on rencontre parmi les déserts vastes et sablonneux de l'Arabie) elle n'a pas l'inconvénient de rassembler dans un cercle étroit toute la circulation du crédit et de l'espérance, en faisant de la noblesse un ordre à part, esclave de lui-même et des autres. Je ne discuterai point si, quand même il seroit vrai que l'inégalité fût inévitable ou utile dans la société, il le seroit aussi qu'elle dût exister plutôt entre les ordres de l'état qu'entre les individus; s'il vaut mieux qu'elle s'arrête en un seul endroit, ou qu'elle circule dans toutes les parties du corps politique; s'il est plus desirable qu'elle se perpétue ou qu'elle naisse et se détruise à chaque instant. Je me restreindrai à dire que les personnes du plus haut rang doivent éprouver les mêmes punitions que le dernier des citoyens. En fait d'honneurs ou de richesses, toute distinction, pour être légitime, suppose une égalité antérieure, fondée sur les lois, qui regardent tous les sujets comme également dépendans d'elles. On doit croire que les hommes, en renonçant au despotisme que chacun d'eux tenoit de la nature, ont dit : *Que le plus industrieux jouisse des plus grands honneurs, et que sa gloire brille encore dans ses descendans : mais qu'en augmentant ses espérances, le plus heureux et le plus honoré ne craigne pas moins que le dernier des citoyens de violer les lois qui l'ont élevé au-dessus des autres.* Il est vrai que ce décret n'est point émané d'une diète, où le genre humain se soit rassemblé pour le promulguer ; mais il n'en existe pas moins dans les rapports immuables des choses. Son effet n'est point de détruire les avantages qu'on suppose devoir à la noblesse ; mais il en empêche les inconvéniens et rend les lois respectables, en fermant à jamais les routes de l'impunité. Si l'on m'objecte qu'une peine semblable infligée au noble et à l'homme du peuple, cesse cependant d'être la même, attendu l'éducation différente que tous deux ont reçue, et l'infamie que le supplice imprime à un sang illustre, je répondrai que le châtiment ne se mesure point sur la sensibilité du coupable, mais sur le dommage causé à la société, dommage qui devient plus considérable pour elle, en raison de l'élévation de celui dont elle le reçoit. J'ajouterai encore que l'égalité de la peine ne peut jamais être qu'extérieure, puisqu'elle est réellement différente pour chaque individu, et que, quant à l'infamie dont une famille est souillée, le souverain peut facilement l'effacer par des marques publiques de sa bienveillance. Qui ne sait d'ailleurs que des formalités sensibles tiennent lieu de raisons au peuple, toujours crédule et admirateur?

§. XXI.

Des Vols.

Les vols commis sans violence, devroient être punis d'une peine pécuniaire ; quiconque veut s'enrichir du bien d'autrui, mériteroit qu'on le dépouillât du sien. Mais le vol n'est pour l'ordinaire que le crime de la misère et du désespoir ; on n'en voit guère commettre que par ces hommes infortunés, à qui le droit de propriété (droit terrible et qui n'est peut-être point nécessaire) n'a laissé d'autre bien que l'existence. D'ailleurs l'effet des peines pécuniaires étant tel, qu'elles produisent plus de criminels qu'elles ne punissent de crimes, et qu'elles donnent aux scélérats le pain qu'elles ravissent à l'innocence, le véritable châtiment du voleur sera de le condamner pour un temps à la servitude, de manière que sa personne et son travail appartenant absolument à la société, cette dépendance parfaite la dédommage du despotisme qu'il a injustement usurpé sur le contrat social. Ce genre d'esclavage est le seul qu'on puisse regarder comme juste.

Mais si le vol a été mêlé de violence, il mérite qu'on ajoute des peines corporelles à celles que je viens d'indiquer. On a montré avant moi les désordres qui naissent de l'usage où l'on est de punir des mêmes peines, les vols faits avec violence, et ceux où l'on n'a employé que de l'adresse : on a fait voir combien est absurde l'équation d'une grosse somme d'argent avec la vie d'un homme : mais il est toujours utile de répéter ce qui n'a presque jamais été mis en pratique. Les corps politiques sont ceux qui conservent le plus long-temps le mouvement qui leur a été donné une fois, et qui en reçoivent le plus difficilement un nouveau.

Il est question ici de délits d'une nature différente, et la politique admet, comme les mathématiques, cet axiôme certain : c'est qu'entre les quantités hétérogènes, il y a l'infini qui les sépare.

§. XXII.

De l'Infamie.

Les injures personnelles et contraires à l'honneur, c'est-à-dire, à cette juste portion de suffrages qu'un citoyen a droit d'exiger des autres, doivent être punies par l'infamie. Cette infamie est un signe de l'improbation publique, qui prive le coupable de la considération, de la confiance de sa patrie, et de cette sorte de fraternité dont la société est le lien. Comme ses effets ne dépendent pas absolument des lois, il faut que celle que la loi inflige, naisse des rapports des choses et de la morale universelle, ou du moins de la morale particulière, qui résulte des systèmes particuliers, législateurs des opinions vulgaires et de la nation qui les a adoptés; sans cela la loi cessera d'être respectée, ou l'idée de la morale et de la probité disparoîtra, malgré les déclamations, toujours impuissantes, contre les exemples. Déclarer infâmes des actions indifférentes en elles-mêmes, c'est diminuer l'infamie de celles qui méritent effectivement d'en être notées. Mais les peines infamantes doivent être rares, parce que les effets réels et trop fréquens des choses d'opinion, diminuent la force de l'opinion même. Elles ne doivent pas tomber à la fois sur un grand nombre de personnes, parce que l'infamie, divisée sur plusieurs, finiroit bientôt par être nulle pour chacun.

Il est des crimes fondés sur l'orgueil, et qu'on ne doit point chercher à réprimer par des châtimens corporels et douloureux ; ils tireroient de la douleur même leur gloire et leur aliment. Le ridicule et l'infamie, ces armes dont la vérité même ne triomphe que par des efforts lents et obstinés, punissent bien mieux les fanatiques en humiliant leur orgueil par celui des spectateurs ; c'est ainsi que le sage législateur oppose la force à la force et l'opinion à l'opinion, pour détruire dans le peuple la surprise et l'admiration que lui cause un faux principe, dont l'absurdité ne frappe point ordinairement le vulgaire, quand les conséquences qu'on lui présente sont bien déduites.

Telle est la manière de ne point confondre les rapports, et la nature invariable des choses qui, toujours active et jamais circonscrite par le temps, détruit et dissout tous les réglemens limités qui s'écartent d'elle. L'imitation fidelle de la nature n'est point seulement la règle des arts d'agrément ; elle est aussi la base de la politique vraie et durable, qui n'est autre chose que la science de diriger à un sage et même but, les sentimens immuables des hommes.

§. XXIII.

Des Gens oisifs.

Troubler la tranquillité publique ou ne point obéir aux lois, qui sont les conditions sous lesquelles les hommes se souffrent et se défendent mutuellement, c'est mériter d'être exclus de la société, c'est-à-dire, banni. Et voilà la raison qui porte les gouvernemens sages à ne point souffrir, dans le sein du travail, cette espèce d'oisiveté politique, que d'austères déclamateurs ont mal à-propos confondue avec celle qui est le fruit des richesses accumulées par l'industrie. Cette dernière devient nécessaire et utile, à mesure que la société s'étend et que l'administration se restreint. J'appelle oisiveté politique celle qui ne contribue à la société ni de son travail, ni de ses richesses, qui acquiert toujours sans jamais perdre, qui excite l'admiration stupide du vulgaire et la compassion dédaigneuse du sage, pour ceux qui en sont les victimes ;

qui, enfin, privée de la seule cause faite pour rendre l'homme actif, la nécessité de conserver ou d'augmenter les commodités de la vie, laisse régner en souveraines les passions de l'opinion, dont la force n'est pas la moins victorieuse. On ne peut regarder comme politiquement oisif celui qui, jouissant du fruit des vertus ou des vices de ses ancêtres, donne le pain et l'existence à la pauvreté industrieuse, en échange des plaisirs actuels qu'il en reçoit, et la met à portée d'exercer en paix cette guerre tacite, que l'industrie soutient contre l'opulence, et qui a succédé aux combats sanglans et incertains de la force contre la force. C'est donc aux lois seules, et non à la vertu pleine d'austérité et de petitesse de quelques censeurs, à définir l'espèce d'oisiveté punissable.

Il est des cas, où des hommes accusés d'un crime atroce, ont contre eux la plus grande probabiltié d'en être coupables, sans cependant qu'on les ait pleinement convaincus. La peine du bannissement sembleroit devoir être décernée contre cette sorte de criminels : mais il faudroit pour cela la loi la moins arbitraire et la plus précise possible, qui condamnât au bannissement celui qui auroit mis la nation dans la fatale alternative de le craindre ou de l'offenser, et qui lui laissât en même-temps le droit sacré de prouver son innocence. Il faudroit aussi des raisons plus fortes pour bannir un citoyen qu'un étranger, pour sévir contre un homme accusé pour la première fois, que contre celui qui se seroit vu souvent appeler en justice.

§. XXIV.

Du Bannissement et des Confiscations.

Celui qu'on bannit et qu'on exclut pour toujours de la société, dont il étoit membre, doit-il être, en même-temps, privé de ses biens? Cette question peut être envisagée sous différens aspects. La perte des biens est une peine plus grande que celle du bannissement. Il doit donc y avoir des cas où l'on y ajoutera la confiscation totale, d'autres où l'on ne dépouillera le banni que d'une partie de ses biens, d'autres, enfin, où on les lui laissera en entier. Ces différens genres de punitions seront toujours proportionnés au crime. Le bannissement entraînera la confiscation totale, lorsqu'il sera prononcé par la loi, de manière à rompre toute espèce de rapports entre la société et le membre qui l'a offensée;

alors le citoyen meurt, et l'homme reste : mais, relativement au corps politique, il a éprouvé tous les effets de la mort naturelle. Il paroît donc que ses biens devroient plutôt revenir à ses héritiers légitimes qu'au prince, puisque la mort et un semblable bannissement ont les mêmes suites, eu égard au civil. Mais ce n'est point d'après une distinction aussi subtile, que j'ose désapprouver les confiscations. Si quelques auteurs ont soutenu qu'elles mettoient un frein aux vengeances et à la trop grande puissance des particuliers, ils n'ont pas réfléchi que toute peine qui produit un bien, ne devient pas pour cela juste : il faut encore qu'elle soit nécessaire. Une injustice utile ne sera jamais tolérée par le législateur attentif à fermer tous les passages à la tyrannie, ce monstre toujours éveillé, dont l'art est de nous abuser par un bien momentané, et qui, sous l'appas de la félicité qu'elle répand sur quelques grands, nous cache la destruction future, et les larmes d'une infinité de malheureux, plus en butte à ses coups par leur obscurité même. Les confiscations mettent à prix la tête du foible ; elles font tomber la peine du coupable sur l'innocent, elles le réduisent souvent à devenir criminel par nécessité et par désespoir. Quel plus affreux spectacle que celui d'une famille plongée dans l'infamie et la misère, par le crime de son chef! Crime que la soumission ordonnée par les lois, l'eût empêché de prevenir, quand elle en auroit eu les moyens.

§. XXV.

De l'Esprit de Famille.

Si les funestes injustices dont nous venons de parler, ont été autorisées par l'usage; si des hommes très-éclairés les ont approuvées; si les républiques les plus libres les ont adoptées dans la pratique, c'est pour avoir plutôt considéré la société comme l'union d'une famille, que comme l'association d'un certain nombre d'hommes. Qu'on suppose cent mille hommes ou vingt mille familles, composées chacune de cinq personnes, y compris le chef qui la représente; si leur association se fait par familles, il y aura vingt mille citoyens et quatre-vingt mille esclaves; si elle se fait par individus, on n'y verra que des hommes libres. Dans la première acception, cette nation sera une république composée de vingt mille petites monarchies; dans la seconde, tout respirera l'esprit de liberté; il n'animera pas seulement les assemblées publiques, il régnera dans l'intérieur des maisons particulières, séjour où réside en grande partie le bonheur ou le malheur des hommes; si l'association est faite par familles, ce sera de leurs chefs qu'émaneront les lois et les coutumes, qui sont toujours le résultat des sentimens habituels des membres de la république. On verra alors l'esprit des monarchies s'y introduire peu-à-peu, et ses effets ne trouveront d'obstacles que dans l'opposition des intérêts particuliers, et non dans le sentiment vif et universel de liberté et d'égalité. L'esprit de famille est un esprit de détail et de minuties. L'esprit qui dirige les républiques, qui pose les principes généraux, voit les faits et sait les ranger chacun dans leur classe, pour les rendre utiles au bien du plus grand nombre. Dans une société composée de familles, les enfans demeurent sous l'autorité du chef, tant qu'il vit, et sa mort seule peut leur donner une existence qui ne dépende que des lois. Accoutumés à fléchir et à craindre, dans cet âge de l'activité et de la force, où les passions ne sont point encore retenues par la modération, fruit de l'expérience, comment résisteront-ils aux obstacles que le vice oppose sans cesse à la vertu, quand la vieillesse foible et timide leur

ôtera

ôtera la fermeté nécessaire pour tenter des changemens hardis, et les privera de l'espoir de recueillir les fruits de leurs travaux?

Lorsque l'association est faite par individus, la subordination dans les familles est l'effet du contrat, et non de la force. Sortis une fois de l'âge où la nature, c'est-à-dire, leur foiblesse et le besoin d'éducation, les tient dans la dépendance de leurs parens, les enfans devenus libres et membres de la république, ne s'assujettissent au chef de la famille que pour participer à ses avantages, comme le font les citoyens, relativement à la grande société. Dans le premier cas, les jeunes gens, c'est-à dire, la partie la plus considérable et la plus utile de la nation, sont totalement à la discrétion de leurs parens. Dans le second, le seul lien qui les oblige, c'est le devoir sacré et inviolable de s'aider mutuellement dans ses besoins, et celui de la reconnoissance pour les bienfaits, devoir qu'une sujétion aveugle, mais prescrite par les lois, affoiblit et détruit bien plutôt que la méchanceté du cœur humain.

Cette opposition entre les lois fondamentales des républiques et celles des familles, est une source féconde de contradictions entre la morale publique et la morale particulière;

elle fait naître dans l'esprit de chaque homme un combat perpétuel; la morale particulière inspire la soumission et la crainte; la morale publique anime le courage et la liberté. L'une resserre l'esprit de bienfaisance dans un cercle étroit de personnes, qu'on n'a pas même choisies; l'une l'étend sur toutes les classes de l'humanité; celle-là commande un sacrifice continuel de soi-même, à l'idole vaine qu'on adore sous le nom de *bien de famille*, et qui souvent n'est celui d'aucun des individus qui la composent; celle-ci apprend à chercher ses avantages sans blesser les lois; elle fait plus, elle excite le citoyen à s'immoler pour la patrie, et l'enthousiasme qu'elle allume dans son cœur, est le prix anticipé de l'action qu'il fait entreprendre. De telles contrariétés dégoûtent les hommes de chercher la vertu au milieu des ténèbres dont on l'a enveloppée, et dans l'éloignement où elle lui paroît au travers des nuages qui couvrent les objets, tant physiques que moraux. Combien de fois un homme, en réfléchissant sur ses actions passées, ne s'étonne-t-il pas de se trouver mal-honnête? A mesure que la société se multiplie, chacun de ses membres devient une plus petite partie du tout, et le sentiment républicain diminue dans la même proportion, si les lois négligent de le fortifier. Circonscrites dans leur accroissement comme les corps humains, les sociétés ne sauroient s'étendre au-delà de certaines bornes, sans que leur économie en souffre. Il semble que la masse d'un état doive être en raison inverse de la sensibilité de ceux qui le composent : si l'une et l'autre s'augmentoient également, les lois trouveroient un obstacle à prévenir le crime, dans le bien même qu'elles auroient produit. Une république trop vaste ne se garantit du despotisme qu'en se subdivisant et s'unissant en plusieurs républiques confédérées. Mais comment parvenir à cette union avec un dictateur despotique, plein de courage comme Sylla, et doué d'autant de génie pour édifier, que ce romain en avoit pour détruire? Ambitieux, un tel homme acquerra une gloire immortelle; philosophe, il trouvera dans les bénédictions de ses concitoyens, de quoi se consoler de la perte de son autorité, quand il ne deviendroit pas même insensible à leur ingratitude. A mesure qu'on voit s'affoiblir les sentimens qui nous unissent à la nation, on voit aussi ceux qui nous unissent aux objets qui nous entourent, prendre de nouvelles forces. Aussi, sous le despotisme le plus dur, les liens de l'amitié sont-ils plus durables;

aussi les vertus de famille (toujours médiocres) deviennent-elles alors les plus communes, ou plutôt les seules. D'après ces réflexions, il sera facile de connoître le peu d'étendue des lumières de la plùpart des législateurs.

§. XXVI.

De la douceur des peines.

Ce n'est point par la rigueur des supplices qu'on prévient le plus sûrement les crimes; c'est par la certitude de la punition; c'est par la vigilance du magistrat et par cette sévérité inflexible, qui n'est une vertu dans le juge inexorable, qu'autant que la législation est douce. La perspective d'un châtiment modéré, mais auquel on est sûr de ne pouvoir échapper, fera toujours une impression plus vive que la crainte vague d'un supplice terrible, dont l'espoir de l'impunité anéantit presque toute l'horreur. L'homme tremble à l'aspect des plus petits maux, lorsqu'il voit l'impossibilité de s'y soustraire, tandis que l'espérance, ce doux présent des cieux, qui souvent nous tient lieu de tout, éloigne sans cesse l'idée des tourmens, même les plus cruels, surtout quand cette espérance est encore fortifiée par l'exemple de l'impunité, que la foiblesse ou l'avarice n'accordent que trop souvent aux plus grands crimes.

Plus le châtiment sera terrible, plus le coupable osera pour l'éviter. Il accumulera les forfaits pour se soustraire à la punition due à un seul, et la rigueur des lois multipliera les crimes en punissant trop sévèrement le criminel. Les pays et les siècles où l'on mit en usage les plus barbares supplices, furent toujours déshonorés par les plus monstrueuses atrocités. Le même esprit de férocité qui dictoit des lois de sang au législateur, mettoit le poignard à la main du parricide et de l'assassin. Animé de cet esprit, le souverain appesantissoit un joug de fer sur ses esclaves, et les esclaves n'immoloient leurs tyrans que pour s'en donner de nouveaux.

Semblable aux fluides qui, par leur nature, se mettent toujours au niveau de ce qui les entoure, l'ame s'endurcit par le spectacle renouvelé de la cruauté. Les supplices devenus fréquens, effrayent moins, parce qu'on s'habitue à leur horreur, et les passions toujours actives sont, au bout de cent ans, moins retenues par les roues et les gibets, qu'elles ne l'étoient auparavant par la prison. Pour que le châtiment soit suffisant, il faut seulement que le mal qui en résulte surpasse le crime ; encore doit-on faire entrer dans le calcul de cette équation la certitude de la punition, et la perte des avantages acquis par le délit. Toute sévérité qui excède cette proportion, devient superflue, et par cela même tyrannique. Les maux que les hommes connoissent par une funeste expérience, régleront plutôt leur conduite que ceux qu'ils ignorent. Supposons deux nations, où les peines soient proportionnées aux crimes; que chez l'une le plus grand supplice soit l'esclavage perpétuel, et chez l'autre la roue, j'ose avancer que chacune de ces nations aura une égale terreur du supplice au-delà duquel elle n'en connoît point. Et s'il y avoit une raison pour transporter dans la première les châtimens en usage chez la seconde, la même raison conduiroit à accroître pour celle-ci la cruauté des supplices, en passant insensiblement de la roue à des tourmens plus lents et plus étudiés, et enfin aux derniers raffinemens de cette science barbare trop connue des tyrans.

De la trop grande sévérité des lois pénales, il résulte encore deux funestes conséquences diamétralement opposées au but qu'elles se proposent, de prévenir le crime. La première, c'est qu'il n'est pas facile d'y conserver la juste proportion nécessaire entre les délits et les châtimens. L'organisation des corps humains assigne à la sensibilité des bornes qu'aucun supplice ne peut outrepasser, quelques recherches qu'ait faites dans ce genre barbare une cruauté industrieuse. Au-delà de ces bornes, s'il est encore des crimes qui méritent une peine plus affreuse, où la trouver ?

Seconde conséquence : c'est que l'atrocité même des supplices mène à l'impunité. La nature humaine est circonscrite dans le bien comme dans le mal. Des spectacles trop barbares pour elle, ne peuvent être autorisés que par la fureur passagère d'un tyran, et jamais par le système constant d'une législation, qui, si elle étoit cruelle, changeroit nécessairement ou cesseroit d'agir.

Quel homme assez barbare ne frissonnera pas d'horreur, en voyant dans l'histoire combien de tourmens, aussi inutiles qu'affreux, ont été inventés et employés de sang-froid par des monstres qui se donnoient le nom de sage ? Quel tableau ! l'ame même la moins sensible en seroit émue. La misère, suite nécessaire ou indirecte de ces lois, qui ont toujours favorisé le plus petit nombre aux dépens du plus grand, force des milliers de malheureux à rentrer dans l'état de nature. Le désespoir les y rejette, la superstitieuse ignorance les y poursuit ; elle les accuse de crimes impossibles ou qu'elle même a inventés ; s'ils sont coupables, ce n'est que d'avoir été fidèles à leurs propres principes ; vaine excuse ! Des hommes doués des mêmes sens, et par conséquent des mêmes passions, se plaisent à les trouver criminels, pour avoir la cruelle satisfaction de jouir de leurs tourmens. On les déchire avec appareil, on leur prodigue les tortures, on les livre en spectacle à une multitude fanatique, qui se réjouit lentement de leurs douleurs.

§. XXVII.

De la peine de mort.

A l'aspect de cette multiplicité de supplices, qui n'a jamais rendu les hommes meilleurs, j'ai cherché si dans un gouvernement sage la peine de mort étoit vraiment utile ; j'ai examiné si elle étoit juste. Quel peut être ce droit que les hommes s'attribuent d'égorger leurs semblables ? Ce n'est certainement pas celui dont résultent la souveraineté et les lois. Elles ne sont que la somme totale des petites portions de liberté que chacun a déposées : elles représentent la volonté générale, résultat de l'union des volontés particulières. Mais quel est celui qui aura voulu céder à autrui le droit de lui ôter la vie? Comment supposer que dans le sacrifice que chacun a fait de la plus petite portion de liberté qu'il a pu aliéner, il ait compris celui du plus grand des biens ? Et quand cela seroit, comment ce principe s'accorderoit-il avec la maxime qui défend le suicide? Ou l'homme peut disposer de sa propre vie, ou il n'a pu donner à un seul, ou à la société entière, un droit qu'il n'avoit pas lui-même.

La peine de mort n'est appuyée sur aucun droit ; je viens de le démontrer. Elle n'est donc qu'une guerre déclarée à un citoyen par la nation, qui juge nécessaire, ou au moins utile, la destruction de ce citoyen. Mais si je prouve que la société, en faisant mourir un de ses membres, ne fait rien qui soit nécessaire ou utile à ses intérêts, j'aurai gagné la cause de l'humanité.

Deux motifs seulement peuvent faire regarder comme nécessaire la mort d'un citoyen. Dans ces momens de trouble où une nation cherche à redevenir libre, ou touche à la perte de sa liberté ; dans ces temps d'anarchie où les lois se taisent et sont remplacées par le désordre et la confusion, si un citoyen, quoique privé de sa liberté, peut encore, par ses relations et son crédit, porter quelqu'atteinte à la sûreté de son pays ; si son existence peut produire une révolution dangereuse dans le gouvernement, il est, sans doute, nécessaire de l'en priver : mais pendant le règne tranquille des lois, sous la douce autorité d'un gouvernement formé et approuvé par les vœux réunis des peuples ; dans un état bien défendu au dehors et soutenu dans son intérieur par la force, et par l'opinion, peut-être plus puissante que la force même ; dans un pays enfin où l'autorité toute entière entre les mains du véritable souverain, n'est jamais le prix de la richesse, qui ne peut plus acheter que des plaisirs, quelle nécessité d'ôter la vie à un citoyen? Cette punition ne seroit justifiée que par l'impossibilité d'arrêter le crime par un exemple moins frappant, second motif qui autoriseroit et rendroit nécessaire la peine de mort.

L'expérience de tous les siècles prouve que la crainte du dernier supplice n'a jamais arrêté les scélérats déterminés à porter le trouble dans la société. L'exemple des Romains atteste cette vérité. Elle est mise dans son plus beau jour par vingt années du règne de l'impératrice de Russie, Elisabeth, pendant lesquelles cette princesse a donné aux pères des peuples une leçon plus belle que ces brillantes conquêtes, que la patrie ne sauroit acheter qu'au prix du sang de ses enfans. Mais s'il existe des hommes à qui le langage de l'autorité rende celui de la raison assez suspect, pour qu'ils se refusent à des preuves si palpables, qu'ils écoutent un moment la voix de la nature, ils trouveront dans leur cœur le témoignage de tout ce que je viens d'avancer.

Les peines effrayent moins l'humanité par leur rigueur momentanée que par leur durée. Notre sensibilité est émue plus facilement, et d'une manière plus permanente, par une impression légère, mais réitérée, que par un choc violent, mais passager. Tout être sensible est universellement soumis à l'empire de l'habitude. C'est elle qui apprend à l'homme à parler, à marcher et à satisfaire ses besoins; et les idées morales ne se gravent aussi dans l'esprit que par les traces durables que leur action réitérée y laisse. Le frein le plus propre à arrêter les crimes, n'est donc pas tant le spectacle terrible, mais momentané, de la mort d'un scélérat, que l'exemple continuel d'un homme privé de sa liberté, transformé en quelque sorte en bête de somme, et restituant à la société, par un travail pénible et de toute sa vie, le dommage qu'il lui a fait. Chacun, en faisant un retour sur lui-même, peut se dire : *Voilà l'affreuse condition où je serai réduit pour toujours, si je commets de telles actions*. Et ce spectacle, toujours présent aux yeux, agira bien plus puissamment que l'idée de la mort, toujours présentée dans le lointain, toujours environnée d'un nuage qui en affoiblit l'horreur. Quelque impression que produise la vue des supplices, elle ne sera jamais assez forte pour résister à l'action du temps et des passions, qui effacent bientôt de la mémoire des hommes les choses les plus essentielles. C'est un principe certain que les chocs violens font sur nous un effet très-marqué, mais très-court. Ils produiront une révolution subite ; des hommes ordinaires deviendront tout-à-coup des Perses ou des Lacédémoniens. Mais dans un gouvernement libre et tranquille, il faut moins d'exemples frappans que d'impressions permanentes. On exécute un criminel : son supplice devient un spectacle pour la plûpart de ceux qui y assistent ; un petit nombre l'envisagent avec une pitié mêlée d'indignation. Que résulte-t-il de ces deux sentimens? Rien moins que la terreur salutaire que la loi prétend inspirer. Mais la vue des châtimens modérés et continuels produit un sentiment toujours le même, parce qu'il est unique, celui de la crainte. La punition d'un coupable doit inspirer à ceux qui en sont témoins, plus de terreur que de compassion. Le législateur doit mettre des bornes à la rigueur des peines, lorsque ce dernier sentiment prévaut dans l'esprit des spectateurs, à qui le supplice paroît alors plutôt inventé pour eux que contre le criminel.

Pour qu'une peine soit juste, elle ne doit avoir que le degré de rigueur suffisant pour éloigner du crime. Or, est-il un homme qui puisse préférer les avantages du forfait le plus fructueux, au risque de perdre à jamais sa liberté ? Donc un esclavage perpétuel, substitué à la peine de mort, a autant de pouvoir qu'elle pour arrêter le scélérat le plus déterminé. Je dis plus, il en a davantage. On envisage souvent la mort avec un œil tranquille et ferme; le fanatisme l'embellit, la vanité, compagne fidelle de l'homme jusqu'au tombeau, en dérobe l'horreur; le désespoir la rend indifférente, lorsqu'il nous a réduits à vouloir cesser de vivre ou d'être malheureux. Mais, au milieu des cages de fer, dans les chaînes, sous les coups, l'illusion du fanatisme s'évanouit, les nuages de la vanité se dissipent, et la voix du désespoir, qui conseilloit au coupable de finir ses maux, ne se fait plus entendre que pour mieux peindre l'horreur de ceux qui commencent pour lui. Notre esprit résiste plus aisément à la violence des dernières douleurs qu'au temps et à l'ennui. Ses forces réunies contre des maux passagers, en affoiblissent l'action : mais tout son ressort cède à des impressions continuées et constantes. La peine de mort adoptée, chaque exemple donné suppose un crime commis; tandis qu'au moyen de l'esclavage perpétuel, chaque crime met sous les yeux de la nation un exemple toujours suffisant et répété.

En effet, s'il est important de montrer souvent aux peuples des preuves du pouvoir des lois, les supplices doivent être fréquens : mais il faudra pour cela que les crimes le soient aussi, ce qui prouvera que la peine de mort ne fait point alors toute l'impression qu'elle devroit produire, d'où il résultera qu'elle est en même temps inutile et nécessaire. Et voilà le cercle vicieux où conduisent des principes établis, sans qu'on en ait calculé les conséquences. Si l'on m'objecte que l'esclavage perpétuel est une peine aussi rigoureuse, et par conséquent aussi cruelle que la mort, je conviendrai qu'elle le seroit même davantage, en réunissant en un seul point tous les instans de malheurs qu'éprouve celui qui la subit. Mais ces instans répandus sur tout le cours de sa vie, ne sauroient être comparés au moment affreux du dernier supplice, que par le spectateur qui en calcule la durée et la totalité, et non par le coupable, que ses maux présens distrayent de la pensée de ses peines à venir. Tous les genres de malheur s'accroissent dans l'imagination ; celui qui souffre, trouve dans son ame endurcie par l'habitude de souffrir, des ressources et des consolations que la sensibilité du moment cache aux témoins de son infortune ; et voilà ce qui constate les avantages de l'esclavage perpétuel, plus utile comme exemple, qu'insupportable comme châtiment.

Ce n'est, sans doute, qu'au moyen d'une bonne éducation qu'on apprend l'art de se rendre compte à soi-même de ses sentimens : mais comme les scélérats n'en agissent pas moins d'après leurs principes, quoiqu'ils ne s'en soient pas rendu compte, voici à peu près le raisonnement que fait un voleur ou un assassin, lorsqu'il n'est détourné du crime que par la crainte des potences et des roues. « Quelles » sont (se demande-t-il à lui-même) quelles

» sont ces lois que je dois respecter ? Quel immense intervalle elles laissent entre la richesse et la misère ! Le plus léger secours m'est refusé par l'opulence, dont l'orgueil me renvoie au travail qu'elle ne connoît pas : et qui les a faites, ces lois ? Des hommes riches et puissans, qui n'ont jamais daigné visiter les cabanes ténébreuses du pauvre ; qui n'ont point vu leurs femmes éplorées, et leurs enfans affamés, se disputer une nourriture grossière, fruit insuffisant de leurs sueurs. Attaquons l'injustice dans sa source, rompons des conventions funestes au plus grand nombre, brisons des chaînes forgées par l'indolence tyrannique pour accabler l'industrieuse pauvreté. Oui, je retournerai dans mon état d'indépendance naturelle ; je vivrai libre ; je goûterai quelque temps les fruits heureux de mon courage et de mon adresse. A la tête de quelques hommes déterminés comme moi, je corrigerai les erreurs de la fortune, et nous verrons trembler à notre aspect, ces tyrans, dont le faste insultant nous mettoit au-dessous des animaux destinés à leurs plaisirs. Un jour peut-être. . . . . Eh bien ! la douleur n'est qu'un instant, et, pour cet instant, j'aurai passé des années entières dans la liberté et les plaisirs ».

plaisirs ». Si la religion se présente alors aux yeux du scélérat, il saura encore en abuser. Elle lui offrira l'espérance du repentir et du pardon, et les nuages effrayans de la mort disparoîtront aux rayons d'une félicité éternelle, prix facile d'un moment de regret.

Quelle perspective, au contraire, que celle d'un grand nombre d'années, ou même de la vie entière, à passer dans la servitude et la douleur, esclave des lois dont on étoit protégé, exposé aux regards et au mépris de ses concitoyens, devenu l'opprobre et l'horreur de ceux dont on étoit l'égal ! Quelle utile comparaison de ce triste avenir, avec l'incertitude du succès de ses crimes et du tems qu'on aura à en jouir! L'exemple toujours présent, des victimes infortunées de leur imprudence, doit faire une impression bien plus forte que celle des supplices, dont la vue endurcit l'ame plutôt qu'elle ne la corrige. La peine de mort nuit encore à la société par les exemples de cruauté qu'elle donne aux hommes. Si les passions ou la nécessité de faire la guerre ont appris à répandre le sang humain, les lois, dont l'objet est d'adoucir les mœurs, ne devroient pas au moins multiplier cette barbarie, d'une manière d'autant plus cruelle, qu'elles donnent la mort avec des recherches d'appareil et de formalités.

Quelle absurdité ! Faites pour n'être que l'expression de la volonté publique, et pour détester et punir l'homicide, les lois en commettront elles-mêmes ; elles voudront éloigner du meurtre, et elles commanderont un assassinat public. Si cependant il est des lois d'une utilité incontestable, ce sont celles que chacun voudroit proposer et observer, dans ces momens où la voix de l'intérêt particulier se tait ou se mêle aux cris de l'intérêt public. Or, veut-on connoître le sentiment général sur la peine de mort, il est peint en caractères ineffaçables dans ces mouvemens d'indignation et de mépris qu'inspire la seule vue du ministre des cruautés de la justice, ce citoyen honnête qui contribue au bien de la nation, en exécutant la volonté publique, cet instrument nécessaire de la sûreté intérieure, qu'il défend au dedans de l'état comme les soldats au-dehors. Quelle est donc l'origine de cette contradiction ? Où prend sa source un sentiment qui résiste à tous les efforts de la raison ? Dans ce principe gravé par la nature au fond de notre cœur, que personne n'a de droits légitimes sur la vie des hommes, à laquelle la nécessité seule, cette reine absolue de l'univers, peut donner des lois.

Que doit-on penser en voyant les augustes

pontifes de la justice ordonner, avec la tranquillité de l'indifférence, les apprêts du supplice où ils font traîner le criminel? Quoi! tandis que le malheureux, en proie aux convulsions de la douleur, attend en frémissant le coup qui va terminer ses jours, son juge quittera son tribunal pour aller goûter en paix les douceurs et les plaisirs de la vie, en s'applaudissant peut être de l'autorité qu'il vient d'exercer! Eh! ne pourroit-on pas s'écrier? Non, les lois ne sont que le prétexte dont la force masque sa tyrannie; le despotisme les a revêtues des couleurs de la justice, pour conduire plus sûrement à ses autels les victimes qu'il veut s'y immoler. On nous peignoit l'assassinat comme un crime horrible, et le voilà commis sans répugnance et sans passion. Sachons nous prévaloir de cet exemple. La mort violente nous paroissoit environnée des plus effrayantes horreurs, et ce n'est qu'un moment; encore sera-t il bien moins douloureux pour qui ne l'attendra pas; ce qu'il y a d'affreux sera presque réduit à rien. Tels sont les funestes paralogismes, les dangereux raisonnemens qui se forment confusément dans une tête déjà disposée au crime, et plus susceptible d'être conduite par l'abus de la religion, que par la religion même.

L'histoire des hommes est une mer immense d'erreurs, où l'on voit surnager çà et là quelques vérités mal connues. Qu'on ne s'autorise donc point de ce que la plûpart des siècles et des nations ont décerné la peine de mort contre certains crimes. L'exemple ni la prescription n'ont aucune force contre le vrai. Excusera-t-on la barbare superstition, qui sacrifia des hommes sur les autels de sa divinité, parce que les victimes humaines ont ensanglanté presque tous les temples?

Au contraire, si je trouve quelques peuples qui se soient abstenus, même pendant un court espace de temps, d'exercer la peine de mort, je m'en prévaudrai avec raison; c'est le sort des grandes vérités de ne briller que comme un éclair au milieu des nuages ténébreux, dont l'erreur enveloppe l'univers. Elle n'est point encore venue, cette époque fortunée, où les yeux fascinés des nations s'ouvriront à la lumière, où les vérités révélées ne seront plus les seules qui éclairent le genre humain.

Je sens combien la foible voix d'un philosophe sera facilement étouffée par les cris tumultueux des fanatiques esclaves du préjugé. Mais il est quelques sages répandus sur la face de la terre, et ceux-là m'entendront et me répondront du fond de leur cœur. Et si, malgré les obstacles qui l'éloignent des trônes, la vérité pouvoit pénétrer jusqu'aux oreilles de quelque souverain, qu'il sache qu'elle lui apporte les vœux secrets de l'humanité entière; qu'il apprenne qu'en l'accueillant, il effacera la gloire des plus grands conquérans; qu'il voye d'avance la postérité, toujours juste, élever ses pacifiques trophées au-dessus de ceux des Titus, des Antonins et des Trajans.

Heureuse l'humanité, si elle recevoit pour la première fois des lois! heureuse si ces lois étoient dictées par les souverains qui gouvernent aujourd'hui l'Europe, ces princes bienfaisans, protecteurs des arts et des sciences, ces citoyens couronnés, qui font renaître les vertus paisibles dans le sein des peuples qu'ils regardent comme leurs enfans! Leur autorité, en s'affermissant, augmente le bonheur de leurs sujets; elle détruit ce despotisme intermédiaire, d'autant plus cruel, qu'il est moins solidement établi, et dont la politique barbare, interceptant les vœux sincères du peuple, étouffe sans cesse sa voix, toujours écoutée, quand elle arrive jusqu'au trône. Puisse cette autorité s'accroître tous les jours! C'est le vœu des citoyens éclairés, qui sentent bien que si de tels princes laissent subsister des lois défectueuses, c'est qu'ils sont encore arrêtés par l'extrême dificulté de détruire des erreurs accréditées par une longue suite de siècles.

§. XXVIII.

De l'Emprisonnement.

La sûreté personnelle des citoyens étant le véritable but de la société, comment laisse-t-on aux magistrats, exécuteurs des lois, le droit d'emprisonner à leur gré, droit funeste, dont ils peuvent abuser pour ravir la liberté à leur ennemi, pour la laisser à ceux qu'ils protègent, malgré les indices les plus forts? Comment cette erreur si préjudiciable est-elle aussi commune que dangereuse? Quoique la prison diffère des autres peines, en ce qu'elle doit nécessairement précéder les informations juridiques du délit, la loi seule doit déterminer le cas où il faut l'employer. C'est le caractère essentiel qu'elle partage avec tous les genres de châtiment. La loi fixera donc l'espèce d'indices qui exigent l'emprisonnement de l'accusé, qui l'assujettissent à un interrogatoire et à une peine. La voix publique, la fuite, l'aveu extrajudiciaire, la déposition d'un complice, un corps de délit existant, une haine constante contre l'offensé, des menaces à lui faites, tout cela sera suffisant pour forcer à s'assurer d'un citoyen. Mais c'est à la loi d'établir ces preuves, et non au juge de décider arbitrairement sur leur validité. Ses décrets sont toujours une infraction à la liberté publique, tant qu'ils sont autre chose qu'une application particulière d'une règle générale émanée du code public. A mesure que les peines seront plus douces, et que les prisons ne seront plus habitées par la misère et le désespoir, lorsque la tendre humanité se fera jour au travers des grilles et des cachots, lorsqu'enfin les cœurs endurcis des ministres subalternes de la justice s'ouvriront à la compassion, les lois pourront se contenter d'indices toujours plus foibles pour ordonner l'emprisonnement.

La prison ne devroit entraîner aucune note d'infamie pour l'accusé, dont l'innocence a été juridiquement reconnue. Combien de Romains, déchargés des crimes affreux qu'on leur avoit imputés, ont obtenu ensuite la vénération des peuples et les premières charges de l'état ! Pourquoi, de nos jours, le sort de l'innocence accusée est-il si différent? Parce que dans le système actuel de notre jurisprudence criminelle, l'opinion des hommes semble mettre l'idée de la force et du pouvoir avant celle de la justice; parce que les mêmes cachots renferment l'accusé et le criminel convaincu; parce que la prison est plutôt un supplice qu'un moyen de s'assurer d'un citoyen soupçonné; parce qu'enfin les forces qui maintiennent les lois dans l'intérieur, sont séparées de celles qui défendent le trône au dehors, tandis qu'elles devroient être unies. Les prisons militaires sont, dans l'opinion publique, bien moins infamantes que les prisons civiles; et si les troupes de l'état, rassemblées sous l'autorité des lois, sans dépendre immédiatement des magistrats, servoient à la garde des prisonniers de la justice, la tache d'infamie, toujours plus imprimée par la forme que par le fond, comme tout ce qui dépend des sentimens populaires, disparoîtroit devant la pompe et l'espèce de gloire qui accompagne les corps militaires: mais comme les lois sont nécessairement de plusieurs siècles au-dessous des lumières actuelles de la nation qu'elles gouvernent, elles conservent et laissent subsister encore dans le peuple et dans les usages, ces idées féroces et barbares, que nous tenons des chasseurs du Nord, nos sauvages ancêtres.

On a prétendu qu'en quelque lieu que se fût commis un crime, c'est-à-dire, une action contraire aux lois, elles avoient droit de le punir ; comme si le caractère de sujet étoit indélébile ou synonyme avec celui d'esclave, et même quelque chose de pis ; comme s'il étoit possible d'être en même temps habitant d'un pays et soumis à une autre domination ; comme si les actions d'un homme pouvoient être à la fois subordonnées à deux souverains et à deux législations, souvent contradictoires.

D'autres ont cru qu'un forfait exécuté, par exemple, à Constantinople, devroit être puni à Paris, par la raison abstraite que celui qui viole les droits de l'humanité, se l'attire toute entière pour ennemie, et devient l'objet de l'exécration publique. Mais les juges ne sont pas les vengeurs de la sensibilité en général ; ils sont les défenseurs des conventions particulières qui lient les hommes entre eux. Le supplice ne sauroit être infligé que dans le pays où le crime a été commis, parce que c'est-là seulement, et non ailleurs, que les hommes sont forcés de prévenir un mal public par un mal particulier. Un scélérat, dont les crimes précédens n'ont pu violer les lois d'une société dont il n'étoit point membre, peut lui inspirer de la crainte ; l'autorité supérieure peut l'en exclure ; mais elle n'a point le droit de lui infliger d'autre peine, parce que les lois ne punissent que le tort qui leur est fait, et non la malice intérieure des actions.

Comme les hommes ne se livrent pas en un moment aux grands crimes, la plûpart de ceux qui assistent aux supplices décernés contre les forfaits, n'éprouvent aucun sentiment de terreur à la vue d'un châtiment qu'ils n'imaginent pas pouvoir mériter jamais. La punition publique des délits moins considérables, fera au contraire une impression sur les spectateurs ; elle retiendra leurs pas prêts à entrer dans la carrière du vice, et leur sauvera tous les crimes qu'une première mauvaise action leur eût fait commettre. C'est donc une politique mal entendue que d'emprisonner ou de reléguer au loin les malfaiteurs qui n'ont point encouru la peine de mort; c'est leur faire porter chez d'autres peuples l'exemple qu'ils doivent à leurs concitoyens.

Le châtiment doit être proportionné au crime, non-seulement par sa rigueur, mais encore par la manière de l'infliger. L'usage établi de civiliser certaines affaires et de mettre en liberté le coupable lorsque l'offensé se désiste, est bien conforme à la bienfaisance et à l'humanité, mais il est en même temps fort contraire au bien public. Un citoyen peut bien ne pas exiger la réparation qui lui est due, mais il en faut une à la nation, il lui faut un exemple; et le particulier qui pardonne en son nom, n'a pas le droit d'user de la même clémence au nom du peuple. La puissance de punir n'appartient pas à un seul; elle réside dans tout le corps politique ou dans le souverain, et ne sauroit être suspendue que d'un consentement général.

§. XXIX.

Des Procès et de la Prescription.

La validité des preuves une fois reconnue et l'existence du délit bien constatée, il est juste d'accorder à l'accusé les moyens et le temps convenables pour se défendre: mais il faut que ce temps soit assez court pour ne pas retarder trop le châtiment qui doit suivre de près le crime, comme nous l'avons déjà dit, si l'on veut qu'il soit un frein utile contre les scélérats. L'amour mal entendu de l'humanité pourra s'élever contre la célérité que nous demandons dans l'instruction des procès criminels: mais il reviendra bientôt à notre avis, s'il considère que le défaut contraire dans la législation, fait courir à l'innocence des dangers bien plus multipliés. C'est aux lois seules à fixer le temps qu'on doit accorder à l'accusé pour sa défense, et celui qu'on doit employer à la recherche des preuves du délit. Si le juge avoit ce droit, il deviendroit lui-même législateur; la prescription ne doit pas avoir lieu en faveur des scélérats qui ont évité par la fuite la punition de ces crimes atroces, dont le souvenir subsiste long-temps dans la mémoire des hommes : mais il n'en est pas ainsi des délits obscurs et peu considérables. Le temps qui ne les dévoile pas, ou les fait bientôt oublier, diminue de beaucoup la nécessité de l'exemple, et permet de rendre au citoyen son état, avec la possibilité de devenir meilleur.

On voit assez que je ne puis qu'indiquer les principes généraux. Pour en faire l'application, il faudroit opérer sur une législation et une société donnée. J'ajouterai seulement que l'utilité des peines modérées étant une fois reconnue, des lois qui abrégeroient ou prolongeroient, selon les crimes, la durée des informations et le temps de la prescription, parviendroient aisément à établir, pour chaque espèce de délit, une juste progression de châtiment doux, parce qu'elles auroient déjà fait de la prison même, ou de l'exil volontaire, une partie de la peine encourue par le coupable.

Il faut au reste bien se garder de prétendre établir une proportion exacte entre l'atrocité des délits et le temps fixé par la durée des informations ou la prescription. Lorsqu'un crime n'est pas prouvé, plus il est affreux, moins il est vraisemblable. Il sera donc nécessaire d'abréger le temps des informations et de prolonger celui qu'on exige pour que la prescription ait lieu, malgré la contradiction apparente qu'implique ce principe avec celui que je viens d'établir, en avançant que si l'on considère le tems de la prison et celui de la prescription comme une peine, on peut décerner des châtimens égaux à des crimes différens. Développons cette idée, et, pour la rendre plus sensible, divisons les crimes en deux classes ; la première sera celle des atrocités, qui commencera à l'homicide, et comprendra toute l'horrible progression des forfaits. Nous rangerons dans la seconde les actions moins coupables dans leur principe, et moins funestes dans leurs effets. Cette distinction a sa source dans la nature de l'homme. La sûreté de la personne est de droit naturel, la sûreté des biens est de droit social. Les sentimens de l'humanité sont gravés par la nature dans toutes les ames : il faut de bien puissans motifs pour étouffer leur voix impérieuse, et ces motifs sont en petit nombre. Il n'en est pas de même de ceux qui nous portent à violer les conventions de la société. Le droit qui résulte de ces conventions, n'est point écrit dans notre cœur, et la pente naturelle à chercher son bien être, ne conduit que trop souvent à y donner atteinte. Or, si l'on veut établir des règles de probabilité pour ces deux classes de délit, il faut les poser sur des bases différentes. Les grands crimes étant plus rares, la durée de l'instruction doit être diminuée, et celle qu'on fixe pour la prescription, augmentée en raison de la vraisemblance qu'il y a que l'accusé est innocent. Par ce moyen qui accélère la sentence définitive, on évite de laisser au peuple l'espérance de l'impunité, toujours plus dangereuse, à mesure que les forfaits sont plus atroces ; au contraire, dans les délits moins considérables, la durée de l'instruction doit être prolongée, parce que l'innocence de l'accusé est moins probable, et le temps fixé pour la prescription doit être raccourci, parce que les suites de l'impunité sont moins funestes : au reste, cette distinction ne seroit pas admissible, si les dangers de l'impunité diminuoient en proportion exacte de ce que la probabilité du délit est plus forte, si l'accusé devoit d'autant plus se flatter d'échapper à la justice, qu'il y a plus de raisons de le croire coupable : mais qu'on y réfléchisse avec soin, et l'on verra qu'un accusé renvoyé, faute de preuves, n'est ni absous, ni condamné ; qu'il peut par conséquent être arrêté de nouveau et soumis à l'examen juridique pour le même crime, et qu'enfin il est toujours sous les yeux vigilans des lois, et n'est réellement déchargé de l'accusation intentée contre lui, qu'après avoir parcouru l'espace de temps fixé pour la prescription, relativement au délit dont il étoit soupçonné. Tel est, ce me semble, le tempérament qu'on doit prendre pour assurer à la fois la sûreté des citoyens et leur liberté, sans favoriser l'une aux dépens de l'autre. Ces deux biens forment le patrimoine égal et inaliénable de chaque citoyen ; et, par les moyens que je propose, on ne les verra plus protégés, l'un par le despotisme découvert ou déguisé, l'autre par l'anarchie tumultueuse.

§. XXX.

Des Délits difficiles a prouver.

D'après les principes que nous venons de poser, il paroîtra étrange à ceux qui réfléchissent, que la raison n'ait presque jamais présidé à la législation des états. Les crimes les plus atroces, les plus obscurs, les plus chimériques, et par conséquent les plus improbables, sont précisément ceux qu'on a regardés comme constatés sur de simples conjectures, sur les preuves les moins solides et les plus équivoques. On croiroit que les lois et le magistrat n'ont intérêt qu'à prouver le délit, et non à chercher la vérité ; il semble que les législateurs n'ayent pas vu que le danger de condamner un innocent, croît en raison du peu de vraisemblance de son crime, et de la probabilité de son innocence.

On ne trouve point dans la plûpart des hommes cette force et cette élévation, aussi nécessaires pour les grands crimes que pour les grandes vertus, cette énergie qui exalte à la fois les uns et les autres, au plus haut degré, et les produit presque toujours ensemble chez les nations qui se soutiennent moins par leur propre poids et la bonté constante de leurs lois,

lois, que par l'activité du gouvernement et le concours des passions au bien public. Chez celles-là, les passions douces et affoiblies paroissent plus propres à maintenir l'administration établie, qu'à l'améliorer. De ces observations, il résulte une conséquence importante, c'est que les grands crimes dans une nation, ne sont pas toujours la preuve de son dépérissement.

Il est quelques crimes fréquens dans la société, et dont en même temps la preuve est difficile. Alors cette difficulté doit tenir lieu de la probabilité de l'innocence ; et comme le danger qui résulte de l'impunité est d'autant moindre, que l'espérance même de l'impunité contribue peu à multiplier cette espèce de délit, dont la source est tout-à-fait différente, on peut diminuer également la durée de l'instruction et celle de la prescription : mais ce ne sont pas là les principes récens ; et ne voit-on pas dans les accusations d'adultère, par exemple, et de pédérastie (crimes toujours difficiles à prouver) ; ne voit-on pas, dis-je, admettre tyranniquement les présomptions, les conjectures, les semi-preuves, comme si l'accusé pouvoit être partie innocent, partie coupable, et mériter à la fois d'être absous et puni ! C'est dans ce genre de délits sur-tout, que d'après les barbares et injustes compilations qu'on a osé donner pour règle aux magistrats, on voit les tortures exercer leur cruel empire sur l'accusé, sur les témoins, sur la famille entière de l'infortuné qu'on soupçonne. Considéré politiquement, l'adultère a sa source dans les lois variables des hommes, et le penchant naturel d'un sexe vers l'autre. Cette attraction constante est semblable à la pesanteur motrice de l'univers, en ce qu'elle diminue comme elle par la distance, en ce que, tant que dure son activité, elle a sur toutes les affections de l'ame, l'action que la pesanteur exerce sur tous les mouvemens des corps. Elle en diffère, en ce que celle-ci se met en équilibre avec les obstacles qu'elle rencontre, tandis que celle-là prend ordinairement une nouvelle force, et augmente avec les difficultés.

Si je parlois à des nations chez lesquelles les lumières de la religion n'eussent point pénétré, je leur montrerois encore des différences considérables entre ce délit et tous les autres. L'adultère a sa source dans l'abus d'un besoin constant et universel dans toute la nature humaine, besoin antérieur à la société qui lui doit son établissement. Les autres crimes, au contraire, sont bien plutôt l'effet des passions du moment, que des besoins de la nature, et tendent tous, plus ou moins, à la destruction de la société. Pour qui connoît l'histoire et l'humanité, la tendance d'un sexe vers l'autre semble (dans le même climat) toujours égale à une quantité constante. Ce principe admis, toute loi, toute coutume qui cherchera à diminuer la somme totale de cette quantité, sera non-seulement inutile, mais funeste, parce que son effet inévitable sera de charger une partie des citoyens de leurs propres besoins et de ceux des autres. Le parti le plus sage est donc d'imiter en quelque sorte les moyens dont on se sert, en suivant la pente douce d'un fleuve qu'on divise en tant de petits rameaux égaux, que la sécheresse et l'inondation se trouvent également prévenues dans tous les points.

La fidélité conjugale est toujours plus assurée, en proportion du nombre et de la liberté des mariages : si les préjugés héréditaires les assortissent, si la puissance paternelle les forme ou les empêche à son gré, leurs liens mal tissus seront bientôt rompus par la galanterie, dont la force secrète trouvera de foibles obstacles dans les préceptes des moralistes vulgaires, sans cesse occupés à déclamer contre les effets, en pardonnant aux causes. Mais ces réflexions deviennent inutiles à ceux chez qui les motifs sublimes de la vraie religion, corrigent par leur action efficace, celle de la nature. L'adultère est un délit si instantané, si mystérieux, il est tellement caché sous le voile, dont les lois mêmes l'enveloppent; ce voile nécessaire, mais dont le foible tissu augmente les charmes de l'objet qu'il couvre, est si transparent; les occasions sont si faciles et les conséquences si équivoques, qu'il est bien plus aisé au législateur de le prévenir que de le réprimer. Règle générale : dans tout délit, qui par sa nature, doit presque toujours rester impuni, la peine est un aiguillon de plus. Lorsque les difficultés ne sont point insurmontables, lorsqu'elles ne se présentent pas à l'homme sous un aspect décourageant, relativement au degré d'activité de son esprit; telle est la nature de son imagination, qu'elle en est plus vivement excitée, qu'elle s'attache avec plus d'ardeur sur l'objet de ses desirs. Les obstacles deviennent comme autant de barrières qui l'empêchent de s'écarter de cet objet, et le forcent d'en saisir tous les rapports, d'où il résulte qu'elle s'occupe nécessairement de ceux d'agrément et de plaisir, pour éloigner et exclure toutes les relations de crainte et de danger : telle est la marche constante de l'esprit humain.

La pédérastie, que les lois punissent si sévèrement, et dont le seul soupçon a livré tant de malheureux à ces cruelles tortures qui ne triomphent que trop de l'innocence ; la pédérastie, dis-je, prend moins sa source dans les besoins de l'homme isolé et libre, que dans les passions de l'homme social et esclave ; si quelquefois elle est l'effet de la satiété des plaisirs, elle est bien plus souvent celui d'une éducation fausse, qui pour rendre les hommes utiles à leurs semblables, commence par les rendre inutiles à eux-mêmes ; c'est ensuite de cette éducation qu'elle règne dans ces maisons, où une jeunesse nombreuse, ardente et séparée par des obstacles insurmontables du sexe, que la nature commence à lui faire désirer, se prépare une vieillesse anticipée, en consumant inutilement pour l'humanité, la vigueur que l'âge développe chez elle.

L'infanticide est encore l'effet presque inévitable de l'affreuse situation où se trouve une infortunée qui a cédé à sa propre foiblesse ou à la violence ; d'un côté l'infamie, de l'autre la destruction d'un être incapable de sentir, voilà le choix que les lois lui laissent à faire : doutera-t-on qu'elle ne préfère le parti qui la dérobe à la honte et à la misère, elle et le triste fruit de ses plaisirs ? Le moyen le plus efficace pour prévenir cette espèce de crime, ce seroit d'assurer à la foiblesse toute la protection des lois, contre la tyrannie, qui ne s'élève guères que contre les vices, qu'on ne peut pas couvrir du manteau de la vertu.

Je ne prétends point au reste affoiblir la juste horreur que doivent inspirer les crimes dont je viens de parler : mais en en indiquant les sources, je me crois en droit d'en tirer cette conséquence générale, c'est que la punition d'un crime ne sauroit être juste ou nécessaire, ce qui est la même chose, tant que la loi n'a point employé pour le prévenir, les meilleurs moyens possibles dans les circonstances où se trouve la nation.

§. XXXI.

Du Suicide.

Le suicide est un délit auquel il semble qu'on ne peut décerner un châtiment proprement dit, puisque ce châtiment ne sauroit tomber que sur l'innocence ou sur un cadavre insensible et inanimé. Dans ce dernier cas, le supplice ne produira sur les spectateurs que l'impression qu'ils éprouveroient en voyant battre une statue; dans le premier cas, il sera injuste et tyrannique, puisque, où les peines ne sont pas purement personnelles, il n'y a point de liberté.

Craindra-t-on que la certitude de l'impunité ne rende ce crime commun ? Non, sans doute. Les hommes aiment trop la vie ; ils y sont trop attachés par les objets qui les environnent ; ils tiennent trop aux douceurs que leur offre l'image séduisante du plaisir et l'espérance, cette aimable enchanteresse, qui, de sa main bienfaisante, distille quelques gouttes de bonheur sur la liqueur empoisonnée des maux que nous avalons à longs traits. Celui qui craint la douleur obéit aux lois : mais la mort détruit toute sensibilité. Quel sera donc le motif qui arrêtera la main forcenée du suicide prêt à se percer ?

Celui qui s'ôte la vie, fait à la société politique un moindre mal que celui qui s'en bannit pour toujours, puisque le premier laisse tout à son pays, tandis que l'autre lui enlève sa personne et une partie de ses biens. Or, si la force d'un état consiste dans le nombre de ses citoyens, le suicide cause à sa nation une perte moitié moindre de celle que lui occasionne l'émigration d'un habitant qui va se fixer chez un peuple voisin. La question se réduit donc à savoir s'il est utile ou dangereux à la société de laisser à ses membres la liberté constante de la quitter.

C'est un abus que de promulguer les lois qui ne sont point armées du pouvoir coactif, ou que les circonstances peuvent annuller. Ainsi que l'opinion, cette souveraine des esprits, obéit aux impressions lentes et indirectes du législateur, tandis qu'elle résiste à ses efforts, quand ils sont violens et qu'ils la heurtent de front; de même les lois inutiles, et par conséquent méprisées, communiquent leur avilissement aux lois mêmes les plus salutaires, qu'on parvient à regarder plutôt comme des obstacles à surmonter, que comme le dépôt du bien public. Or, si, comme nous l'avons déjà dit, notre sensibilité est bornée, plus les hommes auront de vénération pour des objets étrangers aux lois, moins il leur en restera pour les lois mêmes. Je ne développerai point les conséquences bien utiles qu'un sage dispensateur de la félicité publique pourroit tirer de ce principe; ce seroit trop m'écarter de mon sujet, et je dois m'attacher à prouver qu'il ne faut point faire de l'état une prison. Une telle loi est inutile, parce qu'à moins que des rochers inaccessibles ou des mers impraticables ne séparent un pays de tous les autres, comment mettre des gardes à tous les points de la circonférence ? Comment garder ces gardes eux-mêmes? L'émigrant, s'il emporte tout ce qu'il possède, ne laisse plus rien sur quoi les lois puissent faire tomber la peine dont elles le menacent ; son crime, dès qu'il est consommé, ne sauroit plus être puni et lui assigner un châtiment avant qu'il soit commis, c'est punir la volonté et non le fait; c'est exercer un pouvoir tyrannique sur l'intention, cette partie de l'homme sur laquelle les lois humaines ne peuvent jamais avoir d'empire. Essayera-t-on de faire tomber la peine du fugitif sur ses biens, s'il en laisse ? Mais quand on le pourroit sans détruire tout commerce de nation à nation, la collusion, à laquelle on ne sauroit parer, sans donner de funestes entraves aux contrats entre citoyens, rendroit encore ce châtiment illusoire. Punira-t-on enfin le coupable, lorsqu'il rentrera dans son pays ? Mais ce sera empêcher que le mal fait à la société ne se répare ; ce sera bannir pour jamais de l'état, quiconque s'en sera une fois éloigné; en un mot, la défense de sortir d'un pays est, pour celui qui l'habite, un motif de le quitter; pour l'étranger, une raison de n'y point venir.

Les premières impressions de l'enfance attachent les hommes à leur patrie : or, que doit-on penser d'un gouvernement qui ne peut les y retenir que par la force? La meilleure manière de fixer les citoyens dans leur pays, c'est d'y augmenter leur bien-être respectif. Comme tout état doit tenter les derniers efforts pour faire pencher en sa faveur la balance du commerce, ainsi le plus grand intérêt du souverain et de la nation est que la somme du bonheur de ses sujets surpasse celle de la félicité des peuples voisins. Mais les plaisirs du luxe ne font pas la principale base de ce bonheur, quoiqu'en empêchant les richesses de se rassembler en une seule main, ils deviennent un remède nécessaire à l'inégalité, qui croît en raison des progrès de la société politique. comme l'industrie particulière diminue à proportion de ce que les hommes sont plus dispersés, et que moins il y a d'industrie, plus la pauvreté se trouve dans la dépendance du faste ; comme alors la réunion des oppressés contre les oppresseurs est d'autant moins à craindre qu'elle est plus difficile ; comme enfin les adorations, les services, les distinctions, la soumission, et toutes les marques de respect qui rendent plus sensible la distance du fort au foible, s'obtiennent plus aisément d'un petit nombre que d'une multitude, parce que les hommes sont d'autant plus indépendans qu'ils sont moins observés, et d'autant moins observés qu'ils sont plus nombreux. Le luxe favorise le despotisme dans les états dont les limites s'aggrandissent plus que la population ne s'accroît : mais dans ceux où la population s'augmente plus en proportion, il devient au contraire une barrière contre ce fléau. Alors il anime l'industrie et l'activité, et le besoin offre au riche trop de commodités et de plaisirs, pour qu'il se livre tout-à-fait à ceux d'ostentation, les seuls qui répandent et accréditent parmi le pauvre, l'opinion de sa dépendance. D'après ces réflexions, on peut observer que dans les pays vastes, mais foibles et dépeuplés, le luxe d'ostentation doit prévaloir, si d'autres causes n'y mettent obstacle, tandis que celui de commodité tiendra la première place chez les nations plus peuplées qu'étendues. Quoique le commerce et l'échange des plaisirs du luxe se fasse par un grand nombre d'agens, il a pourtant cet inconvénient, qu'il part d'un petit nombre de mains, et se distribue en dernière instance, à peu d'hommes; d'où il résulte que ses agrémens se répandent sur la plus petite partie des citoyens, qui seule en profite, il ne remédie pas au sentiment général de la misère, qui est toujours plutôt l'effet de la comparaison que de la réalité. Mais la sûreté publique et la liberté, sans autres bornes que celles des lois, sont la vraie base du bonheur des états; c'est avec elles que le luxe concourra pour favoriser la population, tandis que sans elles il deviendra l'instrument de la tyrannie. Semblables aux animaux sauvages, aux oiseaux pénétrés du sentiment de leur liberté, qui, retirés dans des solitudes profondes ou sous des forêts inaccessibles, abandonnent à l'homme les riantes campagnes, où les fleurs couvroient les piéges que sa ruse leur tendoit, les hommes eux-mêmes fuyent le plaisir, quand il est offert par la main des tyrans.

Il est donc démontré que la loi qui emprisonne les citoyens dans leur pays, est inutile et injuste, et conséquemment que celle qui serait contre le suicide, ne l'est pas moins. C'est un crime devant Dieu qui le punit après la mort, parce que lui seul peut punir ainsi. Mais ce n'en doit pas être un devant les hommes, parce que le châtiment, au lieu de tomber sur le coupable, ne tombe que sur son innocente famille. Si l'on m'objecte cependant que cette peine peut encore arrêter un homme déterminé à se donner la mort, je réponds que celui qui renonce tranquillement aux douceurs de l'existence, et qui hait assez la vie pour lui préférer une éternité malheureuse, ne sera sûrement pas ému par la considération éloignée et peu efficace de la honte qui va rejaillir sur ses enfans ou ses parens.

§. XXXII.

De la Contrebande.

La contrebande est un véritable crime qui blesse le souverain et la nation, mais dont la peine ne devroit pas être infamante, parce que l'opinion publique n'y attache aucune note d'infamie. Punir par des châtimens infamans des actions qui ne sont pas réputées infames, c'est diminuer, dans celles qui le sont, le sentiment qu'elles doivent faire naître. Si l'on voit donner également la mort au braconnier qui tue un faisan, à l'assassin qui égorge un citoyen, et au faussaire qui soustrait ou falsifie des écrits importans, bientôt on ne fera plus aucune différence entre ces crimes; et les sentimens moraux, si difficiles à inspirer aux hommes, si lents à se graver dans leur cœur, disparoîtront et s'effaceront peu-à-peu. Alors s'écroulera de lui-même le vaste édifice de la morale, ouvrage de tant de siècles, cimenté de tant de sang, élevé et appuyé sur les motifs les plus sublimes, soutenu par l'appareil des plus grandes formalités.

La contrebande naît de la loi même qui la défend, parce que l'avantage qu'il y a à se soustraire aux droits, croît en raison de ce que ces droits augmentent; parce que la tentation, et la facilité de commettre cette espèce de délit, sont d'autant plus grandes, que la marchandise prohibée est d'un plus petit volume, et que les lieux où on la prohibe sont plus étendus, et par conséquent plus difficiles à garder. La confiscation des effets qui sont contrebande, et même de tout le chargement arrêté, est une peine très-juste : mais pour la rendre efficace, il faut que les droits soient peu considérables. Car les hommes ne risquent jamais qu'à proportion du profit qu'ils doivent retirer.

Si l'on demande pourquoi le contrebandier n'encourt point la note d'infamie, tandis que son crime est un vol fait au prince, et par conséquent à la nation, je répondrai que l'indignation publique ne s'attache qu'aux crimes par lesquels chaque particulier croit pouvoir être personnellement lésé; or la contrebande n'est pas dans ce cas. Foiblement émus par les conséquences éloignées, les hommes n'apperçoivent pas le mal qui peut résulter pour eux de la contrebande, dont souvent même ils retirent un avantage présent. Ils ne voient que le tort fait au prince, et n'ont pas, pour priver le coupable de leur estime, une raison aussi pressante que pour la refuser au voleur, au faussaire, en un mot, à quiconque commet une action qui peut leur nuire à eux-mêmes. Cette façon de voir est une suite nécessaire du principe incontestable, que tout être sensible n'est touché que des maux qu'il connoît.

Mais faudra-t-il laisser impuni le contrebandier, qui n'a rien à perdre? Non. L'impôt est une partie de la législation, si essentielle et si difficile, et il y a des manières de frauder les droits qui y nuisent tellement, que de semblables délits méritent des peines considérables, comme la prison ou l'esclavage même, mais une prison ou un esclavage analogue à la nature du délit. Par exemple, la prison du contrebandier de tabac ne doit pas être celle de l'assassin ou du voleur, et le châtiment le plus conforme à la nature du crime, seroit, sans doute, d'appliquer à l'utilité du fisc, le travail de celui qui l'a voulu frauder.

§. XXXIII.

Des Débiteurs.

Il est sans doute nécessaire pour la sûreté du commerce et la bonne foi dans les contrats, que le législateur donne recours aux créanciers sur la personne même de leurs débiteurs, lorsque ceux-ci leur font banqueroute. Mais il est aussi bien important de ne point confondre le banqueroutier frauduleux avec celui qui l'est de bonne foi. Le premier devroit être puni comme les faux monnoyeurs; en effet, le métal monnoyé n'est que le gage des *obligations* des citoyens entre eux, et falsifier ces obligations mêmes, n'est pas un moindre crime que d'altérer ce qui les représente. Mais traitera-t-on ainsi le banqueroutier de bonne-foi, le malheureux qui pourra prouver évidemment à ses juges, que l'infidélité de ses correspondans, leurs pertes, ou enfin des événemens auxquels la prudence humaine ne sauroit parer, l'ont dépouillé de tout ce qu'il possédoit? Quels barbares motifs le feront traîner dans les prisons, pour y partager le sort et le désespoir des criminels? Comment osera-t-on le priver du seul bien qui lui reste, la liberté? Eh! pourquoi forcer peut-être un homme vertueux qu'on opprime, à se repentir de n'avoir pas été coupable, à regretter l'innocence paisible qui le soumettoit aux lois, à l'abri desquelles il vivoit tranquille? S'il les a violées, c'est qu'il n'étoit pas en son pouvoir de s'y conformer, à ces lois, que la puis-

sance

sance et l'avidité ont fait recevoir à la foiblesse, séduite par l'espérance, presque toujours subsistante dans le cœur de l'homme, que, dans le calcul des événemens possibles, toutes les combinaisons seront pour lui, et tous les malheurs tomberont sur les autres. La crainte d'être offensé est, en général, plus instante que le desir de nuire, et les hommes, en se laissant aller à leurs premières impressions, aiment les lois cruelles, quoique leur intérêt particulier dût être qu'elles fussent douces, puisqu'ils y seront eux-mêmes soumis. Mais revenons au banqueroutier de bonne-foi; qu'on ne regarde sa dette comme éteinte qu'après le parfait paiement; qu'il ne puisse, sans le consentement des intéressés, se soustraire et porter ailleurs son industrie; qu'on le force, sous des peines graves, d'appliquer le fruit de son travail et de ses talens, à se liquider en proportion de son gain, tout cela pourra être juste: mais il ne le sera jamais de le priver de la liberté. La sûreté du commerce, la propriété sacrée des biens ne rendront point légitime une punition trop dure, et, disons plus, inutile, à moins qu'on ne soupçonne la banqueroute frauduleuse, et qu'on n'espère que le prisonnier, dans les horreurs de l'esclavage, révèlera ses propres friponneries. Mais il ne doit guère y avoir lieu au doute après un examen rigoureux. C'est une maxime sûre en législation, que la somme des inconvéniens politiques est en raison composée, 1°. de la raison directe du mal fait au public, 2°. de la raison inverse de l'improbabilité de le vérifier. Or, on pourroit distinguer le dol de la faute grave, celle-ci de la légère, et celle-là enfin de la parfaite innocence, et en décernant dans le premier cas les peines prononcées contre le crime de faux, et dans le second des peines moindres, mais avec la perte de sa liberté, on laisseroit au débiteur, parfaitement innocent, le choix des moyens pour rétablir ses affaires, tandis que ce seroit aux créanciers à prescrire ces moyens, lorsque le débiteur se seroit rendu coupable d'une faute légère. On ne doit pas réserver à la prudence dangereuse et arbitraire des juges, la distinction des fautes graves d'avec les fautes légères ; ce doit être l'ouvrage de la loi, toujours aveugle et impartiale. Il est aussi essentiel de fixer des limites dans la politique que dans les mathématiques ; elles ne servent pas moins à la mesure du bien public, qu'à celle des grandeurs.

Qu'il seroit facile au législateur prévoyant, de prévenir une grande partie des banqueroutes frauduleuses, et de remédier aux malheurs de l'innocence industrieuse ! Que les citoyens puissent consulter à chaque instant des registres publics, où il seroit tenu note exacte et bien en ordre de tous les contrats ; que des contributions sagement réparties sur le commerce heureux et florissant, viennent former une banque, dont les trésors s'ouvrent à l'industrie malheureuse et sans secours : voilà des établissemens dont il ne peut résulter que les plus grands avantages sans inconvéniens réels. Eh ! pourquoi sont-elles inconnues ou rejetées, ces lois si faciles, si simples et si sublimes, qui n'attendent, pour verser dans le sein des nations, l'abondance et la force, que le signal du législateur, dont le nom va retentir de siècles en siècles au milieu des acclamations de la reconnoissance et du bonheur ? Pourquoi l'esprit inquiet de minutie, la timide prudence du moment et la défiance mal-entendue des nouveautés, s'emparent-elles de quiconque combine les actions des foibles mortels ?

§. XXXIV.

Des Asyles.

Il me reste encore deux questions à examiner. Les asyles sont-ils justes? Est-il utile que les nations se rendent réciproquement les criminels ?

Dans toute l'étendue d'un état, il ne doit y avoir aucun lieu qui soit hors de la dépendance des lois. Leur force doit suivre par-tout le citoyen, comme l'ombre suit le corps. L'asyle et l'impunité ne diffèrent que du plus au moins, et comme la crainte du châtiment est plus fortement imprimée par la certitude de le subir, que par la rigueur des maux qu'il fait éprouver, les asyles invitent plus au crime que les peines n'en éloignent. Multiplier les asyles, c'est former autant de petites souverainetés, parce que, où les lois sont sans pouvoir, il peut s'en former de nouvelles et d'opposées à celles qui sont reçues, d'où doit naître nécessairement un esprit opposé à celui qui gouverne la société. Aussi toutes les histoires nous font-elles voir que les asyles ont été la source des plus grandes révolutions dans les états et dans les opinions humaines.

Est-il utile que les nations se rendent réciproquement les criminels? Sans doute la persuasion de ne trouver aucun lieu sur la terre où le crime demeure impuni, seroit un moyen bien efficace de le prévenir. Mais je n'oserai pourtant point décider cette question, jusqu'à ce que les lois, rendues plus conformes aux besoins de l'humanité, les peines devenues plus douces, et l'arbitraire des juges et de l'opinion détruit, assurent les droits de l'innocence opprimée, et de la vertu en butte aux traits de l'envie; jusqu'à ce que la tyrannie, reléguée dans les vastes plaines de l'Asie, ait fait place au doux empire de la raison, ce nœud qui lie si fortement les intérêts du trône avec ceux des sujets.

§. XXXV.

De l'usage de mettre la tête a prix.

La seconde question est de savoir s'il est utile de mettre à prix la tête d'un homme reconnu criminel, et de faire ainsi, de chaque citoyen, autant de bourreaux, dont on arme le bras contre lui. Ou le coupable est sorti de l'état où il a commis son crime, ou bien il y est encore. Dans le premier cas, le souverain excite ses sujets à se charger d'un assassinat, à s'exposer aux supplices; il fait lui même une injure à la nation, sur les droits de laquelle il entreprend, et l'autorise, en quelque manière, à tenter sur les siens de semblables usurpations; dans le second, il découvre sa propre foiblesse. Celui qui a la force de se défendre ne cherche point à acheter des secours. De plus, un tel édit renverse toutes les idées de morale et de vertu, déjà si chancelantes dans l'esprit humain, si prêtes à s'évanouir au moindre événement qui les contrarie. Alors les lois invitent à la trahison, que cependant elles punissent. Alors le législateur resserre d'une main les liens des familles, ceux de la parenté, ceux de l'amitié ; et de l'autre il verse ses trésors sur celui qui rompt ces liens : toujours en contradiction avec lui-même, tantôt il rassure les esprits soupçonneux et cherche à répandre la confiance parmi les hommes, tantôt il sème la défiance dans tous les cœurs ; et qu'en résulte-t-il? C'est qu'au lieu de prévenir un crime, il en fait commettre cent. Ce sont-là les expédiens des nations foibles, dont les lois ne servent qu'à étayer, pour un moment, l'édifice ruiné d'un gouvernement qui croule de toutes parts. Mais à mesure que les lumières d'une nation s'étendent, la bonne-foi et la confiance réciproque y deviennent nécessaires, et concourent de plus en plus à s'unir avec la véritable politique; on prévient sans peine les artifices, les cabales, les manœuvres obscures et indirectes ; et l'intérêt général l'emporte sur l'intérêt particulier. Les siècles mêmes d'ignorance, où la morale publique habitue les hommes à se conformer à la morale particulière; ces siècles, dis-je, servent d'instruction aux siècles éclairés. Mais des lois qui récompensent la trahison et allument chez les citoyens une guerre clandestine, en portant le soupçon et la haine parmi eux, s'opposent directement à la réunion de la politique et de la morale ; et c'est à cette union si nécessaire que les hommes devront un jour leur félicité. C'est elle qui ramenera la paix entre les nations ; et l'univers, heureux par ses effets, goûtera au moins une tranquillité plus longue, adoucissement bien dû aux maux qui l'accablent si souvent.

§. XXXVI.

Des Crimes commencés, des Complices et de l'Impunité.

Quoique les lois ne punissent point l'intention, il n'en est pas moins vrai qu'un délit commencé par quelque action qui prouve la volonté de le commettre, mérite une punition, mais moins grave que celle qui seroit décernée s'il avoit été commis. L'importance dont il est de prévenir un attentat, autorise cette punition : mais comme il peut y avoir un intervalle entre le projet et l'exécution, la crainte d'un châtiment plus rigoureux peut aussi produire le repentir ; elle peut arrêter le scélerat prêt à se rendre coupable ; la même gradation dans les peines doit être suivie, mais par une raison différente, à l'égard des complices d'un crime ; dont tous n'ont point été les exécuteurs immédiats. Lorsque plusieurs hommes s'unissent pour affronter un péril commun, plus ce péril sera grand, plus ils chercheront à le rendre égal pour tous ; plus il leur deviendra donc difficile de trouver un d'entre eux qui veuille armer son bras pour consommer le crime, quand celui-là se trouvera courir un danger plus imminent et plus terrible ; cette règle ne souffriroit d'exception que dans le cas, où quelque récompense proposée à l'exécuteur du crime, auroit balancé la différence du crime auquel il s'exposoit, et alors la peine devroit être égale. Si ces réflexions paroissent trop métaphysiques, c'est qu'on ne sentira point assez combien il est important que les lois ne laissent aux complices d'une mauvaise action, que le moins possible de moyens pour s'accorder entre eux.

Quelques tribunaux offrent l'impunité à celui, qui s'étant rendu coupable d'un grand crime, découvre ses compagnons. Cet expédient a ses inconvéniens et ses avantages. D'un côté, la nation autorise la trahison, sorte de perfidie dont les scélérats mêmes ont horreur entre eux ; elle introduit les crimes lâches, bien plus funestes pour elle que les crimes courageux, parce que le courage est peu commun et qu'il n'attend qu'une force bienfaisante pour concourir par elle au bien public, tandis que la lâcheté, si ordinaire aux hommes, est une contagion qui se répand sans cesse et infecte toutes les ames : enfin elle fait voir l'incertitude de ses tribunaux et la foiblesse de ses lois, réduites à implorer le secours de ceux mêmes qui les ont violées. De l'autre, elle prévient les forfaits, elle rassure le peuple toujours effrayé, quand il voit des crimes connus et les coupables ignorés. Elle apprend aux citoyens que celui qui enfreint les lois, c'est-à-dire les conventions publiques, ne sera pas plus fidèle aux conventions particulières. Il me semble qu'une loi générale, pour promettre l'impunité à tout complice qui découvre un crime, seroit préférable à une déclaration spéciale dans un cas particulier. Une telle loi préviendroit l'union des méchans, par la crainte réciproque qu'elle inspireroit à chacun d'eux, de s'exposer seul au danger, et les tribunaux ne verroient plus des scélérats audacieux puiser leur hardiesse dans l'espérance fondée, qu'il est des cas où l'on peut avoir besoin d'eux; à cette loi il faudroit au moins ajouter que l'impunité emporteroit avec elle le bannissement du délateur. . . . Mais non; c'est en vain que je m'efforce d'étouffer mes remords ; les lois, monument sacré de la confiance publique, base respectable de la morale humaine, ne sont point faites pour autoriser la fausseté, pour légitimer la trahison. Eh ! quel exemple seroit-ce pour une nation, si la loi, devenue elle-même infidelle, s'appuyoit sur de vaines subtilités pour manquer à sa promesse, si le malheureux qu'elle a séduit alloit recevoir dans les supplices la récompense de l'avoir écoutée ! Ils ne sont cependant pas rares, ces monstrueux exemples, qui font regarder si souvent les états comme des machines compliquées, dont le plus adroit et le plus puissant gouverne à son gré les ressorts, et voilà ce qui semble justifier l'insensibilité de ces hommes inaccessibles à tout ce qui fait les délices des ames tendres et sensibles ; tels que le musicien dont les doigts habiles tirent tour-à-tour, de l'instrument qu'il possède, des sons terribles ou touchans, ils excitent à leur gré les sentimens les plus tendres et les agitations les plus violentes ; leur esprit, toujours froid, fait servir à leurs fins, les passions qu'il remue, et dont il dispose; et leur cœur, jamais ému, ne craint point de ressentir ces mouvemens, qu'ils ne connoissent que pour en profiter.

§. XXXVII.

Des Interrogations suggestives et des Dépositions.

Nos lois criminelles proscrivent les interrogations qu'on nomme *suggestives*, c'est-à-dire, celles qui ayant une connexion directe avec le délit, pourroient suggérer à l'accusé une réponse immédiate, celles enfin qui portent sur l'*espèce*, parce que, selon nos criminalistes, ce n'est que sur le *genre* qu'on doit interroger ; ainsi semblent-ils vouloir que l'interrogateur n'aille jamais au fait qu'indirectement. Quel que soit le but de cette méthode, et soit qu'on ait prétendu éviter par elle de suggérer au coupable une réponse qui le sauve, ou bien qu'on ait trouvé contraire à la nature qu'un homme s'accuse lui-même, la contradiction où elle fait tomber les lois qui autorisent en même temps la question, n'en est pas moins remarquable ; est-il, en effet, une interrogation plus suggestive que la douleur ? Le scélérat robuste qui se verra le maître d'éviter une peine plus rigoureuse, en souffrant avec force, y trouvera une raison pour s'obstiner à se taire ; elle suggérera au foible l'aveu de son crime, qui le soustraira, pour l'instant, à des maux, dont l'action présente est plus efficace sur lui, que la crainte des supplices à venir. Il y a plus : si l'interrogation spéciale contrarie le droit naturel, en forçant le coupable à s'accuser lui-même, les convulsions de la douleur ne l'y contraindront-elles pas bien plus sûrement encore ? Mais les hommes se règlent plutôt sur la différence des mots que sur celle des choses.

Parmi les abus de mots si communs, et dont l'influence n'a que trop de pouvoir sur les actions des hommes, c'en est un bien intéressant pour l'humanité, que celui qui fait regarder comme nulle la déposition d'un coupable déjà condamné. La condamnation emporte la mort civile, et un mort, disent gravement les jurisconsultes, n'est plus capable de rien ; métaphore puérile, à laquelle on a sacrifié bien des victimes ; vain sophisme, qui a conduit plus d'une fois à examiner sérieusement si la vérité doit céder ou non aux formes judiciaires. Il ne faut pas, sans doute, que les dépositions d'un coupable déjà condamné, puissent retarder le cours de la justice ; mais pourquoi, entre l'arrêt et le supplice, ne pas accorder aux intérêts de la vérité, à l'affreuse situation du coupable, un espace suffisant pour justifier, par une nouvelle procédure, ses complices ou lui-même, si de nouvelles circonstances changent la nature du fait? Les formalités, l'appareil même sont nécessaires dans l'administration de la justice; par leur moyen, l'arbitraire du juge n'a plus lieu; le peuple respecte des jugemens qu'il voit rendus avec pompe et selon les règles, au lieu d'être tumultuairement dictés par l'intérêt. Les hommes, toujours esclaves de l'habitude, toujours plus accessibles aux sensations qu'aux raisonnemens, se forment une idée plus auguste de leurs magistrats et de leurs fonctions. Souvent trop simple, quelquefois trop compliquée, la vérité peut avoir besoin d'un certain apparat extérieur, pour se concilier les respects populaires: mais toutes les formalités que les lois ne restreindront pas dans des bornes, où elles ne puissent jamais lui nuire, seront la source des plus funestes effets. Il est bon que les lois fixent une punition pour celui qui, dans ses interrogatoires, s'obstineroit à ne point répondre, et cette punition doit être des plus graves, afin que les coupables ne puissent pas, par leur silence, éviter de donner au public l'exemple qu'ils lui doivent: mais en même temps cette punition ne devient plus nécessaire, lorsque le crime est déjà constaté et le criminel bien connu, puisqu'alors l'interrogatoire même et l'aveu du coupable sont inutiles. Ce dernier cas est le plus ordinaire, l'expérience nous faisant voir que dans la plûpart des procédures criminelles les accusés nient tout.

§. XXXVIII.

D'une espèce particulière de Délits.

A la lecture de cet ouvrage, on s'appercevra, sans doute, que je n'ai point voulu parler d'une espèce de délits, dont la punition a fait couler des fleuves de sang dans l'Europe presque entière : eh ! pourquoi les aurois-je retracés, ces spectacles d'épouvante, où le fanatisme couroit en foule pour s'y repaître des cris de la douleur, où les yeux attachés sur ses victimes, prêtes à être consumées, il accusoit l'activité des flammes, qui dévoroient trop promptement, à son gré, leurs entrailles palpitantes ; ces temps d'horreur, où l'air étoit obscurci par la fumée des bûchers; où les places publiques, couvertes de cendres humaines, ne retentissoient que de gémissemens? Non. Puisse un voile obscur couvrir à jamais ces scènes effroyables ! Et quant à la nature du délit qui les a causées, le pays où j'existe, le siècle où je vis, la matière que je traite, ne me permettent point de l'examiner. Ce seroit une entreprise trop longue, et qui m'écarteroit trop de mon sujet, que de vouloir prouver, contre l'exemple de plusieurs peuples, la nécessité d'une entière conformité de sentiment dans un état, que de chercher à démontrer comment peuvent influer sur le bien public, des opinions qui ne diffèrent entre elles que par des subtilités obscures et fort au-dessus de la capacité humaine; comment ces opinions porteront le trouble dans la nation, à moins qu'une seule ne soit autorisée et toutes les autres proscrites; comment la nature de ces opinions est telle, que les unes devenues plus claires par leur fermentation, font naître de leur choc, la vérité, qui surnage alors seule au milieu des erreurs qu'elle plonge dans l'oubli, tandis que les autres, mal assurées sur leur propre stabilité, ont besoin de la force et de l'autorité pour se soutenir? Je ne finirois pas, si je prétendois faire voir comment il est nécessaire et indispensable de faire plier les esprits sous le joug de la puissance, quelque contradiction qui se trouve entre cette maxime et celle où la raison et l'autorité la plus respectable nous recommandent la douceur et l'amour de nos frères, quelque expérience qu'on ait que la force ne fait jamais que des hypocrites, et par conséquent des ames viles. Tous ces paradoxes sont prouvés, sans doute, avec évidence ; ils sont regardés comme conformes aux vrais intérêts de l'humanité, s'il y a quelque part une autorité légitime et reconnue qui les adopte et les prenne pour règle dans l'exercice de son pouvoir. Quant à moi, dont les réflexions portent uniquement sur les crimes qui violent les lois naturelles ou le contrat social, je dois garder le silence sur les péchés, espèce de délit, dont la punition, même temporelle, n'est point du ressort de la jurisprudence ni de la philosophie.

§. XXXIX.

Fausses idées d'utilité.

On peut regarder les fausses idées d'utilité que se forment les législateurs, comme une des sources les plus fécondes en erreurs et en injustices. Mais quelles sont-elles ces fausses idées d'utilité ? Celles qui portent le législateur à tenir plus de compte des désavantages particuliers que des inconvéniens généraux, à vouloir commander aux sentimens qu'on excite, mais qu'on ne maîtrise pas ; à ne pas craindre d'imposer silence à la raison, de l'accabler sous les fers du préjugé. Celles qui le conduisent à sacrifier les avantages les plus réels aux inconvéniens

inconvéniens les plus imaginaires ou les moins importans, à regretter de ne pouvoir interdire aux hommes l'usage du feu et de l'eau, parce que ces deux élémens causent des incendies et des naufrages ; à ne savoir enfin empêcher le mal qu'en détruisant. Telles sont encore les lois qui défendent le port d'armes, lois qui n'étant suivies que par des citoyens paisibles, laissent le fer dans la main du scélérat, accoutumé à violer les conventions les plus sacrées, et conséquemment à ne pas respecter celles qui ne sont qu'arbitraires et de peu d'importance ; lois qu'on doit enfreindre sans peine et sans périls ; lois enfin dont l'exécution exacte anéantiroit la liberté personnelle, si précieuse pour l'homme, si respectable pour le législateur éclairé, et soumettroit l'innocence à toutes les vexations réservées pour le crime. Elles ne servent qu'à multiplier les assassinats, en livrant le citoyen, sans défense, aux attaques du scélérat, ces lois, qui rendent la condition de l'assaillant meilleure que celle de l'assailli ; qui sont plutôt la suite de l'impression populaire dans quelque circonstance effrayante, que le fruit et le résultat des combinaisons sages ; ces lois enfin que dicta bien plutôt la peur du crime, que la volonté raisonnée de le prévenir.

C'est encore par une fausse idée d'utilité qu'on va jusqu'à prétendre donner à des êtres animés l'ordre et la symmétrie que pourroit recevoir une matière brute, qu'on néglige les motifs présens, seuls capables d'agir avec force et constance sur la multitude, pour employer des motifs éloignés, dont les impressions foibles et passagères sont presque toujours sans effet, excepté sur les imaginations exaltées, dont le propre est de saisir les objets sous des rapports qui les aggrandissent et les rapprochent; qu'on ose enfin séparer le bien général des intérêts particuliers, en sacrifiant les choses aux mots.

Il y a cette différence entre l'état de société et l'état de nature, que l'homme sauvage ne fait tort à son semblable, qu'autant qu'il y trouve de l'avantage pour lui, tandis que l'homme social est souvent porté, par le vice des lois, à nuire sans utilité. Le despote verse la crainte et l'abattement dans l'ame de ses esclaves; mais bientôt en proie lui-même à ces sentimens qui semblent se répercuter avec plus de force sur son propre cœur, il se voit plongé dans un malheur plus insupportable encore que les maux qu'il cause.

Celui qui met sa félicité à jouir de la terreur qu'il répand, court peu de risques, s'il n'exerce ce vil empire que dans les bornes étroites de sa maison : mais s'il le déploie sur la multitude, qu'il tremble alors lui même, en considérant combien il sera facile à la témérité, au désespoir, et sur-tout à l'audace prudente, de soulever contre lui des hommes qu'on séduira d'autant plus aisément, en réveillant dans leur ame des sentimens chers à l'humanité, que les périls de l'entreprise seront plus partagés, et que les malheureux attachent moins de prix à leur existence, en proportion des maux qu'ils souffrent ; et voilà pourquoi l'on multiplie les offenses, quand une fois l'on a commencé à offenser quelqu'un, parce que la haine est un sentiment durable et qui prend de nouvelles forces en s'exerçant, différent en cela de l'amour qui s'affoiblit à mesure qu'il se développe et qu'il jouit.

§. XL.

Des moyens de prévenir les crimes.

S'il est intéressant de punir les crimes, il vaut, sans doute, mieux encore les prévenir; tel doit être et tel est en effet le but de tout sage législateur, puisqu'une bonne législation n'est que l'art d'amener les hommes à la plus grande félicité ou au moindre malheur possible, d'après le calcul des biens et des maux de cette vie. Mais quels moyens a-t-on employés jusqu'à présent pour parvenir à cette fin ? Et ne sont-ils pas, au moins pour la plûpart, ou insuffisans, ou même opposés au résultat qu'on s'en propose ? Vouloir soumettre l'activité tumultueuse des hommes à la précision d'un ordre géométrique, exempt de confusion et d'irrégularité, c'est former une entreprise que le succès ne sauroit jamais justifier. Toujours simples, toujours constantes, les lois de la nature n'empêchent pas que les astres n'éprouvent de l'aberration dans leurs mouvemens. Et comment les lois humaines obviendroient-elles à tous les désordres que le choc perpétuel des passions doit exciter sans cesse dans la société ? Et voilà pourtant la chimère des hommes bornés, dès qu'ils ont quelque pouvoir.

Défendre une multitude d'actions indifférentes, ce n'est pas prévenir des crimes, puisqu'elles ne sauroient être la source d'aucun ; c'est au contraire en créer de nouveaux, c'est changer à son gré les notions de vice et de vertu, que cependant on veut faire regarder comme éternelles et immuables ; et quel seroit notre sort, si tout ce qui pourroit induire à faire le mal, devoit nous être interdit ? Il faudroit donc auparavant nous priver de l'usage de nos sens. Pour un motif capable de déterminer les hommes à commettre un véritable crime, il y en a mille qui les portent à des actions indifférentes, que de mauvaises lois ont qualifiées du nom de criminelles ; or plus on étendra la sphère des crimes, plus on en fera commettre, parce qu'on verra toujours les infractions aux lois se multiplier en raison du nombre des motifs qui engagent à s'en écarter, sur-tout quand ces lois ne seront, pour la plûpart, que des priviléges exclusifs, c'est-à-dire, un tribut imposé à la nation en général, en faveur d'un petit nombre de ses membres.

Voulez-vous prévenir les crimes ? Rendez les lois claires, simples, et telles que toute la société qu'elles gouvernent, réunisse ses forces pour les défendre, sans qu'on voie une partie de la nation occupée à les sapper jusques dans leurs fondemens. Que ces lois, protectrices de tous les citoyens, favorisent plutôt chaque individu en particulier, que les diverses classes d'hommes qui composent l'état. Qu'elles soient enfin l'objet du respect et de la terreur ; qu'on tremble devant elles ; mais qu'elles seules fassent trembler. La crainte des lois est salutaire ; la crainte des hommes est une source funeste et féconde en crimes. Les hommes dans l'esclavage sont plus voluptueux, plus débauchés, plus cruels que les hommes libres. Livrés aux sciences, occupés des intérêts des nations, ces derniers voyent et agissent dans le grand, tandis que les autres, satisfaits des plaisirs du moment, cherchent dans le tourbillon de la débauche, à se distraire de l'anéantissement où ils se voyent, et qu'accoutumés à regarder avec raison comme problématique, l'issue de tous les événemens, ils s'étourdissent sur les suites de leurs crimes, que la passion présente enveloppe à leurs yeux, des ténèbres d'un avenir incertain. Dans une nation inactive, en raison du climat qu'elle habite, l'incertitude des lois nourrit et augmente son indolence et sa stupidité. Dans une nation voluptueuse, mais agissante, elle conduit cette activité à ne s'occuper que de petites cabales et d'intrigues sourdes. La défiance s'empare de tous les cœurs, et la prudence n'est plus que l'art infâme de dissimuler et de trahir. Dans une nation forte et courageuse, cette incertitude est bientôt détruite : mais ce n'est pourtant qu'après l'avoir livrée à de fréquentes révolutions, qu'après l'avoir plongée tour-à-tour dans l'esclavage et ramené à la liberté.

§. XLI.

Des Sciences.

Voulez-vous prévenir les crimes ? Que la liberté marche éclairée du flambeau des sciences. Si les connoissances produisent quelques maux, c'est lorsqu'elles sont peu répandues, tandis que les biens, dont elles sont la source, croissent en raison de leurs progrès. Un imposteur hardi (qui n'est jamais un homme vulgaire) obtient les adorations d'un peuple ignorant ; s'il s'adresse à une nation éclairée, le mépris est son partage.

Les connoissances facilitent à l'homme les moyens de comparer les objets : elles les lui font considérer sous leurs différens points de vue ; elles élèvent dans son cœur des sentimens divers qu'elle lui apprennent enfin à modifier tour-à-tour, en lui montrant dans les autres, les mêmes aversions et les mêmes desirs.

Répandez avec profusion les lumières chez un peuple, et bientôt leur aspect bienfaisant fera disparoître l'ignorance et la calomnie ; l'autorité, que la raison n'appuyoit point, tremblera devant elles, et les lois seules resteront immobiles par leurs propres forces, invariables comme la vérité. Est-il, en effet, un homme éclairé qui ne chérisse des conventions dont la publicité, la clarté et l'utilité, assurent et fondent l'édifice du bonheur et de la sûreté générale? En est-il qui puisse regretter la petite et inutile portion de liberté qu'il a sacrifiée, quand il la compare à toutes celles dont les autres hommes se sont dépouillés; quand il voit à quel point, sans les lois, elles eussent pu s'unir et s'armer contre lui? Avec une ame sensible, on ne trouve dans les lois qu'un obstacle à faire du mal; on sent que l'on n'a sacrifié que la liberté de nuire à ses semblables; et peut-on alors ne pas bénir le Trône et celui qui l'occupe?

Il n'est pas vrai que les sciences soient toujours nuisibles à l'humanité, et, si elles l'ont été quelquefois, c'est que le mal étoit inévitable. La multiplication des hommes sur la terre, introduisit la guerre, les arts encore grossiers, et les premières lois. Celles ci furent, dans leur principe, des conventions momentanées, que la nécessité dictoit et détruisoit ensuite. Telle fut la philosophie naissante, dont les principes, en petit nombre, étoient sages, parce que la paresse et le peu de sagacité de nos ancêtres, les préservoient encore de l'erreur: mais, lorsque les besoins s'accrurent nécessairement, à mesure que les hommes se multiplièrent ; lorsqu'il fallut par conséquent des impressions plus fortes et plus durables, pour empêcher les retours fréquens à l'état d'insociabilité, toujours plus dangereux à reprendre, à mesure qu'on s'en éloigne ; alors ce fut un grand bien politique pour le genre humain, que d'adopter ces erreurs qui peuplèrent l'univers de fausses divinités, qui inventèrent un monde invisible, créateur et maître du nôtre. Ils se montrèrent vraiment bienfaiteurs de l'humanité, ces hommes, qui osèrent tromper leurs semblables pour les servir, ces hommes dont la main habile conduisit l'ignorance aux pieds des autels ; ils offrirent à nos pères des objets hors de la portée des sens ; ils les occupèrent à la recherche de ces objets, toujours prêts à s'échapper à l'instant où l'on croit les atteindre ; ils les forcèrent à respecter ce qu'ils ne connoissoient jamais bien ; ils surent enfin ainsi concentrer toutes les passions et les diriger vers un but unique. Tel fut le premier état de toutes les nations qui se formèrent de l'assemblage de différentes peuplades sauvages. Telle fut l'époque de la fondation des sociétés, et le seul et vrai lien qui les unit.

On voit assez que je ne parle point de ce peuple élu de Dieu, de ce peuple chez lequel les miracles les plus frappans et les graces les plus signalées prirent la place de la politique humaine. Mais comme le propre de l'erreur est de se subdiviser à l'infini, ainsi les fausses sciences qu'elle produisit firent des hommes une multitude fanatique d'aveugles, errans, au gré du hasard, dans les vastes labyrinthes de l'ignorance, et toujours prêts à s'y heurter l'un l'autre. Alors quelques ames sensibles, quelques philosophes regrettèrent l'ancien état sauvage, et voilà la première époque dans laquelle les connoissances, ou plutôt les opinions, devinrent funestes à l'humanité. Je trouve la seconde dans le difficile et terrible passage des erreurs à la vérité, des fausses lueurs à la véritable lumière. Le choc redoutable des préjugés utiles au petit nombre des hommes puissans, contre les vrais principes, favorables à la multitude foible et sans autorité, et la fermentation qu'il excite dans les passions qu'il rapproche, causent des maux infinis à la triste humanité. Qu'on jette un coup d'œil sur les histoires dont, après un certain période de temps, les grands tableaux se ressemblent tous; qu'on s'arrête sur le lamentable, mais nécessaire passage de l'ignorance à la philosophie, et par conséquent de la tyrannie à la liberté, et l'on ne verra que trop souvent une génération entière sacrifiée au bonheur de celle qui doit lui succéder. Mais lorsque le calme est rétabli ; lorsque, sur les débris de l'incendie, dont les flammes dévorantes ont heureusement délivré la nation des maux qui l'accabloient, la vérité, qui s'avançoit d'abord avec lenteur, précipite ses pas sur les marches du trône et s'y assied à côté du monarque ; lorsque cette divinité bienfaisante voit multiplier ses autels dans les républiques ; quel sage osera préférer les ténèbres répandues sur la multitude, à la lumière pure qui l'éclaire? Quel philosophe soutiendra que la connoissance des rapports vrais et simples des objets peut nuire à l'humanité?

Si le demi-savoir est plus funeste que l'aveugle ignorance, parce qu'aux maux qu'elle produit, il ajoute encore les erreurs sans nombre, suites fatales et nécessaires d'une vue bornée et circonscrite en-deçà des limites du vrai, c'est, sans doute, le don le plus précieux qu'un souverain puisse faire à sa nation et à lui-même, que de confier le saint dépôt des lois à un homme éclairé. Accoutumé à voir de près la vérité, sans la craindre, et à spéculer l'humanité dans le grand et sous les points de vue les plus élevés ; exempt de la plûpart des besoins d'opinion, dont le propre est de n'être jamais satisfaits, dont l'empire est si souvent funeste à la vertu ; un tel homme considère la nation comme une immense famille, et ses regards, faits à comtempler d'un œil philosophique la masse totale des humains, n'apperçoivent plus qu'une très-petite distance, qu'une différence de convention entre les grands et le peuple. Le sage a des besoins et des intérêts inconnus au vulgaire ; c'est une nécessité pour lui de ne pas démentir, par ses actions, les principes qu'il établit par ses écrits ; il est comme forcé de prendre l'habitude d'aimer la vertu pour elle-même.

Quelle félicité ne répandroient pas sur une nation de tels hommes ? Mais elle sera bien courte, à moins que multipliés en quelque sorte par la bonté des lois, leur nombre n'augmente assez pour diminuer la vraisemblance toujours bien probable d'un mauvais choix.

§. XLI.

Des Magistrats.

Un autre moyen de prévenir les crimes, c'est d'écarter du sanctuaire des lois, jusqu'à l'ombre de la corruption ; c'est d'amener les magistrats à trouver plus d'intérêt à conserver, dans toute sa pureté, le dépôt qui leur est confié, qu'à l'altérer dans ses moindres objets. Plus le tribunal sera nombreux, moins seront à craindre ses usurpations sur les lois, parce qu'entre plusieurs hommes qui s'observent mutuellement, l'avantage d'accroître sa propre autorité diminue en raison de ce que la portion qui en reviendroit à chacun, sera plus petite, surtout en la comparant aux dangers de l'entreprise. Mais si donnant trop d'appareil, de pompe et de sévérité à la justice, le souverain ferme tout accès aux plaintes justes ou même mal fondées du foible qui se croit opprimé, et accoutume ses sujets à craindre moins les lois que les magistrats, ceux-ci y gagneront autant que la sûreté publique et particulière y perdra.

§. XLIII.

Des Récompenses.

Les récompenses assignées à la vertu seroient encore un moyen de prévenir les crimes. Pourquoi les lois modernes de toutes les nations gardent-elles, sur cet objet, un silence profond? Si les prix académiques, proposés aux découvertes utiles, ont multiplié les connoissances et les bons livres, ne verroit-on pas aussi les actions vertueuses devenir plus communes, si la main d'un monarque bienfaisant daignoit les couronner? La monnoie de l'honneur, distribuée par la sagesse, ne s'épuise jamais, et produit sans cesse les fruits les plus utiles.

§. XLIV.

De l'Éducation.

Enfin le moyen le plus efficace pour prévenir les crimes, mais en même temps le plus difficile, c'est de perfectionner l'éducation, objet trop vaste pour les bornes que je me suis prescrites; objet, osons le dire, si étroitement lié avec la nature du gouvernement, qu'on ne le verra jamais bien développé jusqu'à ces siècles heureux, dont l'époque est encore bien éloignée, où la félicité descendra sur la terre. A peine jusques-là quelques sages s'en occuperont-ils; telles ces plaines stériles, dont la main infatigable du laboureur défriche çà et là quelques champs.

Un grand homme, flambeau de l'humanité qui le persécute, a fait voir en détail quelles sont les maximes principales d'une éducation vraiment utile. Il a prouvé qu'elle consistoit bien plus dans le choix que dans la multitude des objets, dans la précision avec laquelle on les expose que dans leur nombre ; il a appris à substituer les originaux aux copies dans les phénomènes moraux ou physiques, que le hasard ou l'adresse du maître offre à l'esprit de l'élève. Il a démontré enfin, que c'étoit aux douces impressions du sentiment à guider les enfans dans les sentiers de la vertu ; qu'il falloit les éloigner du mal par la force irrésistible de la nécessité et des inconvéniens, et que la méthode incertaine de l'autorité devoit être abandonnée, puisqu'elle ne les conduisoit jamais qu'à une obéissance hypocrite et passagère.

§. XLV.

Des Graces.

A mesure que les peines seront plus douces, la clémence et le pardon deviendront moins nécessaires. Heureuse la nation où ces vertus seroient funestes ! La clémence, cette qualité qu'on a vu dans quelques souverains suppléer à toutes les autres, devroit donc être bannie d'une législation parfaite, où les peines seroient modérées, où les jugemens se rendroient promptement et selon les règles ; vérité dure, en apparence, pour ceux qui vivent sous le désordre d'une jurisprudence criminelle, où l'absurdité des lois et la rigueur des supplices nécessitent les graces et le pardon. Le droit de remettre au coupable la peine qu'il a encourue est, sans doute, la plus belle prérogative du trône ; c'est l'attribut le plus desirable de la souveraineté : mais il est en même temps une improbation tacite des lois. Dispensateur bienfaisant de la félicité publique, celui qui exerce ce droit, semble s'élever contre le code criminel consacré, malgré ses imperfections, par le préjugé de l'antiquité, par l'imposant et volumineux appareil d'une infinité de commentaires, par le concours majestueux des formalités, par le suffrage enfin des demi-savans, toujours plus insinuans et moins redoutés que les vrais philosophes.

Si l'on considère que la clémence, vertu du législateur et non de l'exécuteur des lois, doit éclater dans le code, pour être bannie des jugemens ; si l'on réfléchit qu'en montrant aux hommes des crimes pardonnés, et dont le châtiment n'a pas été une suite nécessaire,

cessaire, on nourrit en eux l'espérance de l'impunité, on leur fait regarder les supplices comme des actes de violence et non de justice : comment pourra-t-on désirer que le souverain accorde des graces aux criminels? N'aura-t-on pas raison de dire qu'il sacrifie la sûreté publique à celle d'un particulier? Que par un acte privé de bienfaisance aveugle, il prononce un édit général d'impunité? Que les lois et leurs ministres soient donc inexorables; mais que le législateur soit doux, indulgent, humain, architecte prudent; qu'il donne pour base à son édifice, l'amour que chaque homme a pour son bien être; moraliste habile, qu'il sache réunir le concours des intérêts particuliers à former ensemble le bien général. Alors il ne se verra point contraint de recourir à des lois particulières, à des remèdes dont l'effet sera de séparer à tout moment l'avantage de la société d'avec l'utilité de ses membres, et d'appuyer sur la crainte et la défiance le simulacre trompeur du salut public. Philosophe profond et sensible, il laissera ses frères goûter en paix la chétive portion de bonheur que leur a départie l'Être Suprême, et dont le système immense qu'il a établi leur permet de jouir dans cette parcelle de l'univers.

§. XLVI.

Conclusion.

Je terminerai mon ouvrage par cette réflexion, c'est que la rigueur des peines doit être relative à l'état actuel de la nation. Chez un peuple à peine sorti de l'état sauvage, les esprits endurcis ne seront frappés que par les plus fortes et les plus sensibles impressions. C'est à la foudre à terrasser le lion furieux que les coups de fusil ne font qu'irriter, sans lui nuire; mais à mesure que les ames s'amolissent dans l'état social, elles deviennent plus sensibles, et si l'on veut alors conserver les mêmes rapports entre l'objet et la sensation, il faut rendre les supplices moins rigoureux.

De toutes mes réflexions résulte un théorême général, aussi utile qu'il est conforme à l'usage, ce législateur ordinaire des nations :

Pour que tout châtiment ne soit pas un acte de violence exercé par un seul ou par plusieurs contre un citoyen, il doit essentiellement être public, prompt, nécessaire, proportionné au délit, dicté par les lois, et le moins rigoureux possible dans les circonstances données.

FIN.

www.ingramcontent.com/pod-product-compliance
Ingram Content Group UK Ltd.
Pitfield, Milton Keynes, MK11 3LW, UK
UKHW020251180726
13839UKWH00001B/292

9 782329 234120